D1725447

Basel, Vischer/scher Garten, 2012

Gartenwege der Schweiz

Landschaftsgärten des 19. Jahrhunderts in Basel und Umgebung

Brigitte Frei-Heitz, Anne Nagel

Herausgegeben von
ICOMOS Schweiz, Arbeitsgruppe Gartendenkmalpflege
Johannes Stoffler

ICOMOS suisse

2012 hier + jetzt, Verlag für Kultur und Geschichte, Baden

Sissach, Schlosspark Ebenrain, 2010

Vorwort

Wir freuen uns, mit dem vorliegenden Band die Reihe «Gartenwege der Schweiz» zu eröffnen. Die «Wege» führen zu grossen und kleinen, bekannten und unbekannten, zu öffentlichen und gelegentlich auch zu privaten, nur eingeschränkt zugänglichen Gärten. Jeder Band der Reihe ist einem thematischen Schwerpunkt einer bestimmten Region gewidmet.

Der erste Weg führt uns in die Landschaftsgärten des 19. Jahrhunderts in Basel und Umgebung. Was heute teilweise nur noch in Bruchstücken erhalten ist, waren damals Pionierwerke eines neuen Naturverständnisses. Vor dem Hintergrund der Aufklärung und der Auswirkungen der Industrialisierung wurde die Natur als Ort des Schönen und Guten begriffen. Inspiriert von der Landschaftsmalerei, schufen die Gartenkünstler natürlich wirkende Gartenräume, die den Besucher in heitere, melancholische oder heroische Stimmung versetzen sollten. Die Epoche des landschaftlichen Gartenstils oder, volkstümlich gesprochen, des «Englischen Stils» zeugte auch von der damals neuen republikanischen Gesinnung seiner Schöpfer und Auftraggeber.

Obwohl in vielen Fällen fast zwei Jahrhunderte seit der Entstehung dieser Landschaftsgärten vergangen sind, hat sich eine Vielzahl davon bis heute erhalten. Das ist in erster Linie das Verdienst der Eigentümer, seien dies Private oder Institutionen, welche für die Pflege über die Generationen hinweg verantwortlich sind. Als Zeichen der Wertschätzung für dieses Engagement und als Aufforderung an alle, sich für die Bewahrung des gefährdeten Gartenkulturguts einzusetzen, sollen in den kommenden Jahren weitere «Gartenwege» durch die Schweiz führen.

Wir bedanken uns bei allen, die den Weg zu diesem Buchprojekt geebnet haben, bei unseren grosszügigen Sponsoren, aber auch unserem engagierten Verlag, den Autorinnen Brigitte Frei-Heitz und Anne Nagel, den Fotografen Klaus Spechtenhauser und Börje Müller sowie dem Büro Lorenz Eugster Landschaftsarchitektur und Städtebau GmbH für die Plangrafik. Besonderer Dank geht an die Gartenbesitzerinnen und- besitzer für ihre Mitwirkung – insbesondere an Urs und Barbara Burckhardt-Vischer sowie an die Stiftung Klein-Riehen mit Bernhard Christ. Ein herzliches Dankeschön gebührt aber auch Judith Rohrer und Brigitt Sigel, die dieses Projekt mit aus der Taufe gehoben haben. Den Leserinnen und Lesern wünschen wir einen anregenden Spaziergang!

Die Herausgeber
ICOMOS Schweiz, Arbeitsgruppe Gartendenkmalpflege
Johannes Stoffler

Zum Thema:
Landschaftsgärten des 19. Jahrhunderts
in Basel und Umgebung

Ein neuer «Gartengeschmack»

«Obgleich die Schweiz wenig beträchtliche Gartenanlagen von der Hand des Geschmacks hat, so ist sie doch das erste und einzige Land der malerischen Natur in Europa. Man findet hier die Urquelle aller Bilder und Schönheiten der Natur.» Bei Abschluss seines fünfbändigen Werks über die «Theorie der Gartenkunst» ist Christian Cay Lorenz Hirschfeld (1742–1792), der Kieler Professor für Ästhetik und Philosophie, nochmals zu einer Reise in die Schweiz aufgebrochen. Nicht nur für ihn, sondern für viele Zeitgenossen galt die Schweiz mit ihrer dichten Folge vielgestaltiger Landschaftsräume als Inbegriff der idealen Natur oder, um mit Hirschfeld zu sprechen, als das «lehrreichste» Land für den Landschaftsmaler. Die Natur, so hatte die europäische Leserschaft bereits vom Genfer Philosophen Jean-Jacques Rousseau (1712–1778) vernommen, sei gut an sich und förderlich für die Moral des Menschen. Auch Rousseaus Zeitgenossen, der Zürcher Idyllendichter Salomon Gessner (1730–1788) und der Universalgelehrte Albrecht von Haller (1708–1777), standen für diesen neuen Naturbegriff der Aufklärung. Haller hatte in seinem Epos «Die Alpen» 1729 die Schweiz als idealen Ort der Sittlichkeit geschildert und auf die Naturschönheit des Landes hingewiesen: «Ein angenehm Gemisch von Bergen, Fels und Seen».

Solchermassen freudig eingestimmt, waren die reisenden Gartenliebhaber noch Ende des 18. Jahrhunderts enttäuscht über die bescheidenen Gartenanlagen in der Schweiz «ohne Geschmack» und lenkten ihre Aufmerksamkeit vermehrt der vielgestaltigen Landschaft zu. Gartenanlagen «ohne Geschmack» waren für Hirschfeld die zahlreichen – und aus heutiger Sicht durchaus künstlerisch wertvollen – geometrisch organisierten Gärten der Barockzeit. In Basel, so hielt Hirschfeld bedauernd fest, sei «in den meisten Gärten [...] noch die Anhänglichkeit an den alten franz. Geschmack sichtbar» – eine Tatsache, die auch der Stadtplan von Samuel Ryhiner von 1784 bestätigt.

Tatsächlich jedoch vollzog sich auch in der Schweiz in jenen Jahren der Wandel vom regelmässigen barocken Garten mit seinen Wegachsen und Formgehölzen hin zum Landschaftsgarten. Der neue Landschaftsgarten der in England seinen Ursprung hatte und vor allem über Deutschland und Frankreich in die Schweiz gelangte – wurde als begehbares Landschaftsgemälde verstanden. Entlang seiner geschwungenen Wege sollte der Spaziergänger immer wieder neue Ausblicke auf Bilder mit stimmungsvollen Parkarchitekturen, Wiesen, Gewässern und lockeren Baumgruppen erleben können.

Gartenszene aus Hirschfelds «Theorie der Gartenkunst», 1779.

Das Denkmal Salomon Gessners in der Ermitage Arlesheim, 1790.

Frühes Vorbild

Die ersten dieser Landschaftsgärten nutzten die natürlichen Gegebenheiten des Orts aus, die durch Wege erschlossen und durch lehrreiche Parkarchitekturen bereichert wurden. Die bedeutendste heute noch erhaltene Anlage ist die ERMITAGE IN ARLESHEIM. Balbina von Andlau-Staal (1736–1798), Gattin des fürstbischöflichen Landvogtes zu Arlesheim, und der Domherr Heinrich von Ligertz (1739–1817) erkannten die gestalterischen

Ermitage Arlesheim: Inszenierung
in der Proserpina-Grotte mit dem
Standbild der Göttin, 1786.

Qualitäten des stillen Waldtals am Fuss des mit geheimnisvollen Grotten
und Höhlen durchsetzten Burghügels und liessen darin einen Landschaftsgarten anlegen (siehe Seite 22). Bei der Eröffnung am 28. Juni 1785 umfass-
te die Anlage rund 15 Szenen, die sich damals beliebter Motive eines Landschaftsgartens bedienten: Es wurden die bestehenden Grotten mit mytho-
logischen Themen besetzt (Dianagrotte, Apollogrotte, Proserpinagrotte),
die Ideale der christlichen Askese mit einer Einsiedelei inszeniert, Aus-
sichtsplattformen gebaut und die von Natur aus malerische Landschaft
durch vorteilhafte Wege inszeniert. Das Gartenprogramm wurde bis 1792
laufend ergänzt, verändert und nach der Zerstörung während der Französischen Revolution in den Jahren 1810–1812 erneuert. Schon bald nach ihrer
Eröffnung gehörte die Ermitage in Arlesheim zu den bestbesuchten und be-
kanntesten Gartenanlagen Europas. Die erhaltenen Gästebücher vermitteln
Kenntnis über die zahlreichen Besucher, die auf ihren Bildungsreisen hier
Halt machten. Zur Besucherschar gehörten Adelige, Gelehrte und Künstler
aus Russland, Frankreich, England, Deutschland und der Schweiz, von denen so mancher durch eigene Aufzeichnungen oder durch die Mitnahme
und Verbreitung der gedruckten, vor Ort verkauften Souvenirs zum Be-
kanntheitsgrad dieses einzigartigen, sentimentalen Landschaftsgartens bei-
trug. Die Ermitage in ihrer gestalterischen Qualität, Vielfalt und beachtli-
chen Grösse blieb zwar ohne direkte Nachfolge, doch war sie Vorbild für
zahlreiche Gartenanlagen in der Region.

Von Nutzen und Zierde der Landgüter

Auf diese Weise sensibilisiert für die bis anhin verhüllten Schönheiten der Natur, entdeckten die gebildeten Zeitgenossen auch die künstlerischen Qualitäten weiterer landwirtschaftlich genutzten Wiesen und Felder auf der Landschaft. Manche Basler Familie besass hier ein landwirtschaftliches Gut, auf dem sie die Sommermonate verbrachte. Obwohl ganz auf den ökonomischen Nutzen ausgerichtet, befanden sich diese Alphöfe meist in schöner Aussichtslage und waren eingebunden in eine Kulturlandschaft, die vielerorts dem neuen pittoresken Ideal entsprach. Ihr ästhetischer Reiz wurde vielfach durch landschaftsverschönernde Massnahmen gesteigert und zum Ausgangspunkt für die Gestaltung eines Landschaftsgartens genommen. Dabei blieb oft, wie bei den englischen Vorbildern, der Übergang vom gartenkünstlerisch gestalteten zum landwirtschaftlich kultivierten Bereich fliessend.

An der Schwelle zum 19. Jahrhundert ergänzten, wo die Dramatik der Landschaft es erlaubte, zunächst Ermitagen die aufgeschmückte Kulturlandschaft. Der Seidenbandfabrikant Johann Rudolf Burckhardt-De Bary (1750–1813) vervollständigte so 1794 auf seinem neu erbauten GUTSHOF ERNDHALDE (heute Ärntholden) oberhalb von Gelterkinden das malerische Ensemble von Gutshof, Weiden, Baumgruppen und Wäldchen mit einer kleinen Ermitage, die Zeitgenossen euphorisch beschreiben: «[…] Eine Art Wildniß – zu welcher man in einer kleinen Entfernung von des Eigenthümers Wohnung über lachende Fluren gelanget – erhöht um vieles das Reizende dieses interessanten Ortes. Hohe Fichten und Tannen beschatten diesen einsamen Aufenthalt. Täuschend hat der Eigenthümer hier eine Kapelle angebracht, zu welcher man durch verwildertes Gesträuch auf schicklich angelegen Fusspfaden gelangt. Unten an derselben trifft man auf einen Weiher, der das Romantische dieser Stätte noch vermehrt. Die Kapelle selbst, deren Außenseiten künstlich bemoost sind, ist mit Simplicität im gothischen Geschmacke erbaut. Der Eingang zu derselben hat zwey Fensteröffnungen zur Seite, die dem Geschmacke des Ganzen entsprechen. An der hintern Aussenseite dieser Kapelle fällt das Auge auf das in Lebensgröße gemahlte Bild des in der Schweizer Geschichte so bekannten Eremiten, den Bruder Clauß aus Unterwalden. Von diesem romantischen Orte hinweg führen belaubte Gänge und durch das Dickicht des Waldes gebahnte Spazierwege beynahe um das ganze Guth herum; hin und wieder sind dann an den Stellen, wo man eine freye Aussicht geniesst, Ruhebänke zur Bequemlichkeit und Erholung angebracht, so daß man hier nichts vermissen wird, was nur immer den Aufenthalt auf diesem Landsitz angenehm machen kann.» J. R. Burckhardt-De Bary gehörte zu den vermögendsten Baslern seiner Zeit und schuf sich als Erbauer des eleganten Stadtpalais zum Kirschgarten einen Namen. Die Familie wohnte jedoch mehrheitlich auf der Erndhalde und empfing dort zahlreiche Gäste, so auch Johann Caspar Lavater (1741–1801), einen langjährigen Freund der Familie. «Unvergeßlich wird mir Erndhalden,

Die Einsiedelei der Erndhalde oberhalb von Gelterkinden, 1799.

u. unvergeßlich die Bewohner deßelben seyn», schrieb Lavater nach seiner Rückkehr nach Zürich und entwarf als Dank ein «Erndthalden Lied».

Wie die Ermitage der Erndhalde ist auch jene des ALPHOFS BILSTEIN nur noch in Fragmenten erhalten. Die spektakuläre Lage des Alphofs Bilstein auf dem Gemeindegebiet von Langenbruck, nahe den schroff abfallenden Felshängen des Schällenbergs gelegen, bildete 1822 für den damaligen Besitzer Emanuel Burckhardt-Sarasin (1776–1844), Seidenbandfabrikant und Basler Ratsherr, den Ausgangspunkt zur Anlage eines Felsengartens mit Einsiedelei. Steile Holztreppen und eine Teufelsbrücke führten die Besucher dem Wasserlauf entlang durch die Felsen. Denkmäler von Helden und Staatsmännern der Eidgenossenschaft und künstliche Turmruinen verwiesen auf die ruhmreiche Vergangenheit und Gegenwart des Landes, und Lusthäuschen luden die Spaziergänger zur Rast ein.

Im Verlauf des 19. Jahrhunderts trat das Motiv der Ermitage zurück, und an seine Stelle trat eine grosszügigere Gestaltung, die sich weniger auf Architekturen und moralische Einzelszenen als auf weitläufige, gestaltete Landschaftsbilder konzentrierte. Christoph Merian-Burckhardt (1800–1858), Agronom, Grossgrundbesitzer und Privatier, liess in diesem Sinn auf seinem 56 Hektar umfassenden Landgut Brüglingen bei Münchenstein einen landschaftlichen Garten in unmittelbarer Nähe der VILLA MERIAN anlegen (1839). Ausser dem Denkmal zu Ehren der früh verstorbenen Schwester Merians wurden hier keine Kleinbauten und Staffagen errichtet. Zahlreiche einheimische und fremdländische Baumarten steigern jedoch das Erscheinungsbild des Gartens bis heute (siehe Seite 50).

Felsengarten des Alphofs Bilstein
bei Langenbruck, 1828.

Wesentlich bescheidener ist die Gestaltung des einstigen Reblandes bei
SCHLOSS WILDENSTEIN oberhalb von Bubendorf am Rand des geschichts-
trächtigen Rappenfelds (siehe Seite 44). Um 1850 wurde hier ein Rundweg
angelegt, neu gepflanzte Baumgruppen rahmten den Ausblick in die Weite
einer alten Kulturlandschaft mit Huteeichen. Bis heute bilden landwirtschaftliches Gut und Schlossanlage eine Einheit.

Das Miteinander von Nutzen und Zierde war auch auf dem ALPHOF
MAPPRACH bei Zeglingen der Familie Zaeslin zentrales Thema. Hier bildete
ein Sumpfgebiet in einer Hangmulde den Ausgangspunkt der gartenkünstle-
rischen Intervention (um 1870). Die neu gepflanzten Bäume spendeten an
diesem sonst baumlosen Ort im Sommer kühlen Schatten, und ein kleines
Rindenkabinett richtete den Blick auf den Weiher am Fuss einer mächtigen
Esche. Der Garten, zum Schutz vor dem Vieh mit einer Hecke eingefasst,
vermittelt bis heute Ruhe und Geborgenheit, ganz im Kontrast zur atembe-
raubenden Fernsicht an diesem Ort.

Umgestaltungen barocker Landsitze

Der landschaftliche Stil eroberte im späten 18. Jahrhundert auch die bereits bestehenden, grossbürgerlichen Landsitze ausserhalb der Stadt.
Zahlreiche Gartenanlagen aus der Barockzeit wurden zunächst in Teilbe-
reichen mit neuen Stilelementen ergänzt und später komplett überformt.
Oftmals wurden jedoch prägende Gestaltungselemente der barocken Anlagen, wie Umfassungsmauern, Eckpavillons, Alleen, rektanguläre Wege

Der Garten des Alphofs Mapprach oberhalb von Zeglingen, 2010.

und Springbrunnen beibehalten. Die vermutlich früheste derartige Überformung erfuhr 1802 der Garten des BÄUMLIHOFS (siehe Seite 58) durch Johann Michael Zeyher (1770–1843). Seine Gestaltung beliess das Mauergeviert und die rahmenden Alleen und formte nur die innere Gartenpartie mit dichten Gehölzpflanzungen und einem geschwungenen Rundweg um. Zeyher, an der Hohen Karlsschule in Ludwigsburg geschult, wurde 1792 für die Betreuung des Botanischen Gartens der Universität nach Basel geholt. Seit 1801 stand er im markgräflich-badischen Dienst den Gartenanlagen des Markgräfler Hofs an der Neuen Vorstadt (Hebelstrasse) vor und wurde 1804 ins badische Schwetzingen berufen, wo er die Nachfolge des grossen Gartenbaudirektors Friedrich Ludwig von Sckell antrat. Während seines Aufenthalts am Rheinknie wie auch von Schwetzingen aus entwarf Zeyher zahlreiche Gärten in der Schweiz – neben dem Bäumlihof auch 1818 die nördliche Gartenpartie des SCHLOSSES EBENRAIN in Sissach (nicht umgesetzt, siehe Seite 80). Ausserdem beriet er die hiesigen Gartenliebhaber per Korrespondenz in botanischen Fragen oder belieferte sie mit Bäumen und Sträuchern aus der grossen, von ihm stetig erweiterten Baumschule des Schwetzinger Schlossgartens.

In eher moderatem Stil wandelte 1803 der Architekt Achilles Huber (1776–1860) den französischen Garten des NEUEN WENKEN um (siehe Seite 66), indem er einzig das abschliessende Boskett durch eine Rasenlandschaft mit Solitären, Gehölzgruppen und seitlichen, zu einem Rundtempel führenden Wegen ersetzte. Der Garten der SANDGRUBE (Riehenstrasse 154) wurde vermutlich 1804 von einem unbekannten Gartenarchitekten unter Beibehaltung des barocken, durch ein Wegkreuz unterteilten Parterres mit

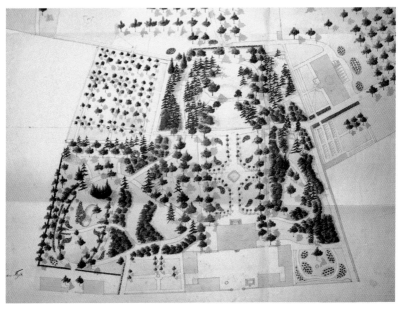

Situationsplan des Gartens der Sandgrube, undatierte kolorierte Federzeichnung.

Der dorische Rundtempel im Garten der Sandgrube, 2012.

zentralem Bassin und seitlichen Alleen in seinen trapezförmigen Randzonen verlandschaftlicht. Durch die Rasenflächen und Gehölzgruppen dieser Gartenteile schlängelten sich symmetrisch angelegte Hauptwege. Einzig
der Gartenraum südwestlich des Hauses mit Weiher, Brücke und dorischem
Rundtempelchen ist heute noch erhalten.

Mehrere Gartenpläne bezeugen die umfangreiche Tätigkeit von Jean-
François Caillat (1776–1835) und dessen Sohn Franz Caillat (geboren 1806)
in Basel und Umgebung. Der aus Tartegnin im Waadtland stammende
Gärtnermeister und Kunstgärtner Jean-François Caillat hatte sich vor 1799
in Basel niedergelassen. In den Jahren 1826 bis 1838 standen die Caillats im
Dienst mehrerer Riehener Landgutsbesitzer. Die signierten und datierten
Pläne weisen die Landschaftsgärten des BEROWERGUTS (1832/33) und des
GLÖCKLIHOFS (1838) als Schöpfungen der Caillats aus. Jean-François Caillat
darf auch als Entwerfer des in mehreren Schritten entstandenen SARASIN-
PARKS (siehe Seite 74) angenommen werden. Ein gesichertes Werk Caillats
von 1826 ist auch der weitläufige Landschaftsgarten des ISELIN-WEBER'SCHEN
LANDGUTS (Baselstrasse 61/65), der bis heute in Privatbesitz ist.

Ins späte 19. Jahrhundert datiert ist die Umformung und Erweiterung
des ehemaligen Barockgartens von SCHLOSS EBENRAIN in Sissach. Wohl ist
die Gartenanlage bald nach ihrer Entstehung partiell verändert worden,
doch erst 1872 setzte der damalige aus dem Elsass stammende Eigentümer
und Textilkaufmann Albert Hübner-Allan den Entwurf des bekannten Pariser Landschaftsgärtners Edouard André (1803–1864) um (siehe Seite 80).

Landschaftsgärten für Fabrikanten

Neben Handel und Landwirtschaft wurde im Verlauf der Industrialisierung
des 19. Jahrhunderts verstärkt die industrielle Produktion zur Einnahme-
quelle vermögender Gartenliebhaber. Die Werksareale, die nun entstanden,
umfassten in der Regel neben den Fabrikationsbauten auch eine Fabrikan-
tenvilla und Arbeiterhäuser. Da der neue «Industrieadel» bestrebt war, seinem Wohnsitz einen repräsentativen Ausdruck zu verleihen, wurden oftmals nicht nur angesehene Architekten engagiert, sondern auch grosszügige
Gartenanlagen im landschaftlichen Stil angelegt.

Der Textilfabrikant Ludwig August Sarasin-Merian (1804–1831) liess
sich 1831 oberhalb seiner Baumwollspinnerei in der Neuen Welt (Münchenstein) an der Landstrasse ein Landhaus nach Plänen des Basler Architekten
Melchior Berri erbauen. Ein Entwurf aus dem Jahr 1834, der mit den Initialen D. K. signiert ist, zeigt den dazugehörigen Landschaftsgarten. Etwas ver-
halten schlängeln sich die Wege durch kompakte Gehölzpflanzungen und
lockere Baumgruppen, die Blicke auf die Rasenflächen und die Villa freige-
ben. Auch ein Nutzgarten ist in die Anlage integriert. Neben der landschaftlichen Komposition weist der Garten formale Elemente auf, beispielsweise
die axial auf das Haus zulaufende Zufahrt oder die davon sternförmig aus-

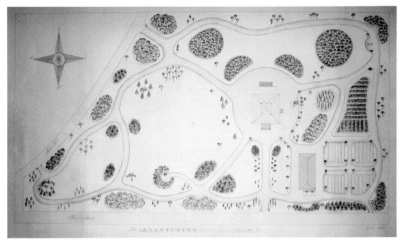

Der Gartenplan für die Villa Sarasin in Münchenstein, 1834.

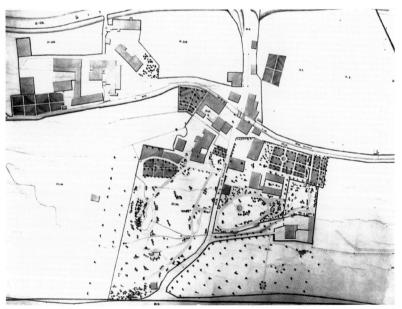

Der grosse landschaftliche Park in Niederschönthal, Füllinsdorf, 1836.

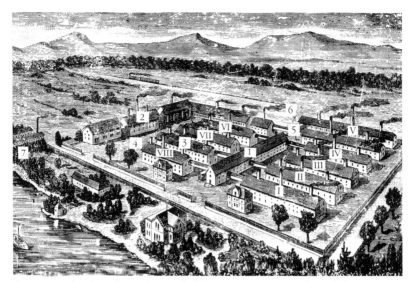

Gesamtansicht der Saline Schweizerhalle, 1878. Am unteren Bildrand die
Villa Glenck inmitten des Landschaftsgartens.

strahlenden Wege. Gemäss der Signatur auf dem Gartenplan waren verschiedene Laub- und Nadelbäume, darunter Pappeln, Fichten und eine
Trauerweide, vorgesehen. Heute ist die VILLA EHINGER, benannt nach der
zweiten Besitzerfamilie, Teil der Schulanlage Gymnasium Münchenstein.
Der einstige Garten ist zu grossen Teilen aufgehoben, der Nutzgarten und
die verschiedenen Wirtschaftsgebäude sind der heutigen Turnhalle gewi-
chen. Im Bereich nördlich und westlich des Landhauses ist der einstige Garten jedoch noch erhalten.

Eine lange Standorttradition hat die vorindustrielle Anlage NIEDER-
SCHÖNTHAL am Ufer der Ergolz bei Füllinsdorf. Für den vom Eisenwerkbe-
sitzer Samuel Merian-Frey (1739–1825) erbauten Mittelhof liess Sohn Philipp
Merian (1773–1848), Kaufmann und Unternehmer in Paris und den Nieder-
landen, nach 1822 einen Landschaftsgarten anlegen. Ein Situationsplan von
1836 dokumentiert die Anlage, die sich beidseitig der Strasse nach Füllinsdorf bis an die heutige Rheinstrasse erstreckte. Attraktionen waren neben
den fremdländischen Bäumen und verschiedenen Weihern eine Grotte sowie das «Belvedere», ein Gartenpavillon am höchsten Punkt des Gartens.
Bis auf einen sehr bescheidenen Rest ist die Gartenanlage im Zuge von
Strassenbau und Zersiedelung jedoch zerstört worden.

In grösseren Teilen erhalten ist hingegen – bis auf einen eingefügten
Verwaltungsbau von 1982 – der Garten der VILLA GLENCK in Pratteln. Der
Salinendirektor der aufstrebenden Saline Schweizerhalle, Otto von Glenck
(1821–1891), liess hier um 1860 eine Villa mit grosszügiger Gartenanlage

am Rheinufer errichten. Das Wohnhaus wirkt durch seine Situierung und Architektur im neogotischen Stil wie ein Staffagebau im Park. Bis heute ist der einst private Bereich des Fabrikherrn durch die Strasse von den Produktionsanlagen räumlich getrennt. Frühe Ansichten bilden die Gartenanlage zwischen Strasse und Rheinufer ab. Spazierwege führten von der Villa durch das leicht abfallende Gelände durch kleinräumlich angeordnete Baum- und Strauchgruppen hindurch. Vom Rheinufer konnte man bis 1914 mit einer Seilfähre ans gegenüberliegende deutsche Ufer übersetzen.

Landschaften innerhalb der Basler Stadtmauern

Unter dem Einfluss der Ermitage in Arlesheim entstand in den Jahren nach 1792 als erste landschaftlich gestaltete Anlage innerhalb der Stadtmauern Basels der Garten des WÜRTTEMBERGERHOFS am St. Alban-Graben 14–16, der in seinen Ausmassen und seinem Staffagereichtum – gemessen an lokalen Verhältnissen – einzigartig war. Seidenbandfabrikant Johann Rudolf Forcart-Weiss (1749–1834), der zu den Anhängern der aufklärerischen Bewegung und zu den führenden Köpfen der frühen Freimaurerei in Basel gehörte, betraute den französischen Architekten und Revolutionsflüchtling Aubert Joseph Parent (1753–1835) mit der Gestaltung des Gartens. Aufgrund seiner Herkunft mit dem Gedankengut des *jardin anglo-chinois,* einer französischen Variante des Landschaftsgartens, vertraut, schuf Parent einen Garten, in dem sich englische Neuerungen mit Elementen des Rokoko und Chinoiserien verbanden. Ein *pavillon chinois* über einem Goldfischbassin, ein chinesisches Gitterhäuschen, Springbrunnen, Götterstatuen, Volieren mit exotischen Vögeln gehörten wie Einsiedelei, Waldbruderhütte, Äolsharfe, Labyrinth und Trauerdenkmal zum vielseitigen Staffageprogramm. Vor allem eine künstliche, mit antiken Architekturfragmenten bestückte Tuffsteingrotte und andere Altertümer, die Parent mit Ausgrabungen in der Römerstadt Augusta Raurica zutage gefördert hatte, verliehen dem Garten eine besondere Attraktivität. Andere Teile der «archäologischen» Ausbeute, darunter zwei Säulenstümpfe, liess Parent nach Riehen in den bereits um 1789 angelegten Landschaftsgarten des Alten Wenken transportieren (siehe Seite 66). Der philanthropisch gesinnte J. R. Forcart-Weiss gewährte fremden Gästen zu allen Zeiten Einlass in seinen Garten, der dank zeitgenössischen Reisebeschreibungen weit über die Grenzen Basels hinaus bekannt war. Mit der Teilung des Anwesens unter den Erben 1844 ging die Einheit der Anlage verloren. Der Bau der Dufourstrasse und Lautengartenstrasse um 1900 zerstörte eine beträchtliche Partie des Gartens, während der restliche Teil samt Württembergerhof 1932 dem Neubau des Kunstmuseums zum Opfer fiel. Basel verlor damit eine einzigartige, von aufklärerischer und empfindsamer Geisteshaltung geprägte Gartenanlage.

Wie der Forcart'sche Garten gehörte auch der VISCHER'SCHE GARTEN an der Böschung des Grossbasler Rheinufers im frühen 19. Jahrhundert zu den

Pyramidentor aus Tuffstein im Forcart'schen Garten, Aufnahme vor 1911.

Chinesischer Pavillon im Forcart'schen Garten, Aufnahme vor 1925.

Sehenswürdigkeiten der Stadt (siehe Seite 36). Der Garten auf dem ehemaligen Deutschritter-Grundstück mit Felsformationen und Grotten aus Tuffstein, plätschernden Wasserläufen, Waldbrudernische und Kapelle wurde ab 1807 nach einem Plan des grossherzoglich-badischen Gartenbaudirektors Johann Michael Zeyher (1770–1843) angelegt. Trotz Verlusten von Kleinarchitekturen, künstlerischen Ausgestaltungen und einem Grossteil der ursprünglichen Bepflanzung ist der Vischer'sche Garten in seiner Ausdehnung und Anlage weitgehend intakt und als ein einzigartiges Zeugnis frühromantischer Gartenkunst in der Basler Altstadt erhalten geblieben.

Der Plan der Stadt Basel von Ludwig H. Löffel, aufgenommen 1857–1859, bezeugt, dass sich der landschaftliche Stil um die Jahrhundertmitte in nahezu allen Gärten durchgesetzt hatte. Mit dem nach 1859 einsetzenden Abbruch der Stadtbefestigung und der Stadterweiterung erlebte der Landschaftsgarten eine grosse Entfaltung. In den neuen Villenquartieren, vor allem im Gellert, entstanden zahlreiche Landschaftsgärten, von denen heute nur noch wenige erhalten sind. Ausserdem wurden der neue Promenadenring auf den zugeschütteten Stadtgräben, Friedhöfe und andere öffentliche Parks nach den Gestaltungsprinzipien des Landschaftsgartens angelegt.

Erst Anfang des 20. Jahrhunderts kam der Landschaftsgarten, insbesondere seine «Miniaturlandschaften» des Historismus, in Verruf. Junge Gartenarchitekten warfen ihm vor, zur internationalen Schablone verkommen zu sein, und forderten stattdessen den sogenannten Architekturgarten, der seine Inspiration teilweise wieder aus den noch erhaltenen formalen Anlagen der Barockzeit bezog. Von der trotzdem ungebrochenen Vitalität landschaftlicher Bilder zeugt jedoch nicht zuletzt der CLAVEL'SCHE LANDSCHAFTSPARK in Riehen, der ab 1925 nach den Plänen des Gartenarchitekten Adolf Vivell (1878–1959) gestaltet wurde (siehe Seite 66). Von den Einzelszenen der Arlesheimer Ermitage bis zu den grosszügigen Veduten in Riehen hatte der Landschaftsgarten einen weiten und vielgestaltigen Weg zurückgelegt. Brigitte Frei-Heitz, Anne Nagel

Der Landschaftsgarten des Alten Wenken, Aufnahme 1898.

Ansicht des Grossbasler Rheinufers mit Vischer'schem Garten, 2. Hälfte des 19. Jahrhunderts.

Landschaftsgarten Ermitage

**Ermitagestrasse 52,
4144 Arlesheim**
www.arlesheim-ermitage.ch,
hier auch Hinweise zu Führungen

Zugänglichkeit: Garten täglich öffentlich zugänglich. Eremitenklause und Schloss Mai bis September jeweils Sonntag 13.30–17 Uhr geöffnet. Schloss zusätzlich Mittwoch 14–17 Uhr

Anreise: Tram 10 ab Basel Bahnhof SBB Richtung Dornach Bahnhof bis Arlesheim Dorf, 10 Minuten Fussweg

Verpflegung: Zahlreiche Restaurants im Ortskern von Arlesheim

Bauherr und Gartenkünstler: Balbina von Andlau und Heinrich von Ligertz

Eröffnung: 1785

Ergänzungen und Umbauten: Bis 1792 Erweiterung, 1793 Zerstörung durch französische Truppen, 1808 Kauf von Garten und Schlossruine durch Conrad von Andlau, teilweise Wiederherstellung des Gartens, Integration der Schlossruine, ab 1850 wenige Ergänzungen, seit 1999 gesamthafte Instandsetzung

Eigentümer: Bis 1844 Familie von Andlau, danach mehrfacher Besitzerwechsel, seit 1997 Eigentum der Stiftung Ermitage Arlesheim und Schloss Birseck

Sehenswertes in der Umgebung:
Arlesheim: Domkirche (18. Jh.) mit Silbermann-Orgel, Domplatz 16; Domherrenhäuser (18. Jh.), Domplatz 5–12
Dornach: Goetheanum (1928), Rüttiweg 45, mit Gartenanlage und Gebäuden (1915–1925), www.goetheanum.org

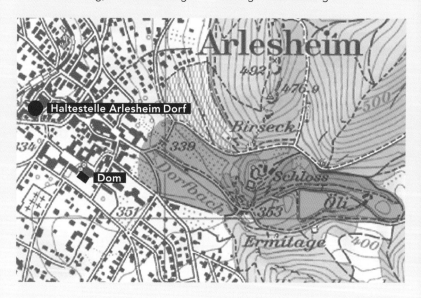

Blick auf die Apollo-Grotte, 2006.

«Den Garten von Arlesheim hat die Natur eigentlich selbst angelegt, und die überaus malerischen Hügel, Gänge und Felsengrotten sind nur zur Einheit verbunden worden.» Die Ermitage ist der grösste und einer der ersten Landschaftsgärten der Schweiz. Sie wurde nach Vorstellungen der Landvögtin Balbina von Andlau (1736–1798) und des Domherrn Heinrich von Ligertz (1739–1817) angelegt. Das malerische Tal mit den hellen Kalksteinfelsen, den stillen Weihern im Talgrund, den dunklen Höhlen, dem Schloss und den Mühlengebäuden bot ideale Voraussetzungen für einen damals neuartigen Garten im «englischen Stil». Die Erbauer nutzten geschickt den Naturreiz des Geländes und belebten es mit lehrreichen Gartenszenen, die durch Spazierwege erschlossen wurden. Die bis zu 30 Gartenszenen widerspiegeln die Ideenvielfalt der Betreiber: Themen aus der antiken Mythologie und aus der christlichen Glaubenswelt, Naturromantik und Schäferidyllen, religiöse Askese, Faszination fremder Kulturen wurden in dieser Naturkulisse inszeniert. Die Ermitage war stets ein öffentlich zugänglicher Garten, ohne Gartenmauer fügt er sich bis heute nahtlos in die Umgebung mit Hügeln, Reben, Wiesen und Wäldern ein. Nach der Zerstörung 1793 wurde die Ermitage teilweise wieder aufgebaut und erhielt neue Attraktionen. Das ruinöse Schloss Birseck wurde als Teil der Gartenanlage einbezogen: Schlosskapelle und Rittersaal

Blick auf den Burghügel und die Mühlengebäude am Eingang zum Garten, 1787.

wurden mit einem Bildprogramm ausgemalt, welches den Herrschaftsanspruch der neuen Besitzer klarstellen soll. Schloss und Garten sollten Teil einer neuen Residenz werden. Diese restaurativen Vorstellungen wurden von den politischen Entwicklungen überrollt. Der Wiener Kongress 1815 ordnete das Dreiland neu. Die Ermitage verlor im Lauf des 19. Jahrhunderts als international beachteter Landschaftsgarten immer mehr an Bedeutung, blieb jedoch ein beliebtes regionales Ausflugsziel. Dennoch setzte der Verfall der Anlage ein. Gartenszenen zerfielen, Sichtachsen wuchsen zu, und die hellen Felsen wurden von aufkommendem Gehölz verschattet. Nach dem Teileinsturz von Schloss Birseck und dem Wegbrechen einzelner Wegabschnitte begann unter der Leitung einer Stiftung die schrittweise Sicherung und Instandsetzung der historischen Anlage basierend auf einem Parkpflegewerk. Für ihr behutsames Vorgehen im Umgang mit dem Garten erhielt die Stiftung 2006 den Schulthess-Gartenpreis. Die Denkmallandschaft Ermitage mit Schloss Birseck ist ein geschütztes Kulturdenkmal und steht unter Schutz von Gemeinde, Kanton und Bund.

Rundgang

Der Garten bietet eine Vielzahl von Spaziergängen, die jeder Besucher nach eigenem Zeitbudget und Bedürfnis zusammenstellen kann. Hier sei stellvertretend ein historischer Vorschlag für einen Rundgang aus dem Jahr 1786 aufgeführt.

A Schloss Birseck / B Mühle / C Gärtnerhaus / D Hauptzugang /
E zu den Waldhäusern

1 «Von dem Flecken Arlesheim führen zwey sanfte und angenehme Wege an die beyden Eingänge des Gartens. Der eine läuft durch Wiesen und Weinberge, und der andere an einem Bache fort bis zu einer Mühle, neben welcher der Haupteingang des Gartens ist. Von da aus führen bequeme Gänge und Fussteige, womit man sehr geschikt diese sonst ganz unzugäng-lichen Klippen verbunden hat [...] bis zum Fusse des Schlosses. So wie man

Der wiederhergestellte Rittersaal von Schloss Birseck, 2007. Die Wanddekoration ist als Illusionsmalerei aufgetragen.

durch den Haupteingang hinein kommt, ist eine wilde Cascade der erste Gegenstand der in die Augen fällt. [...]

2 Über diesem Wasser-Falle ist ein Caroussel, auf einem viereckigen freyen Platze, der von Pappeln beschattet und mit einem wilden Springbrunnen geziert ist. Diess macht das Vestibule einer grossen und wegen ihrer sonderbaren Structur sehr merkwürdigen Grotte, die so weit und hoch ist dass eine Tafel von vierzig Personen ganz bequem drinnen speisen und für allem Wetter gesichert seyn kann. [...]

3 Ein Fleck hin von dieser Grotte geht man über eine frey schwebende Brücke, die zwar unter jedem Tritte schauckelt, allein sehr sicher in Ketten hängt. Weiterhin führt der Weg zu einer völlig isolierten, in Stein gehauenen Bank, die von dichten Bäumen überschattet und eine wahre Freystatt des ruhigen Denkens ist.

4 Geht man da fort so erblikt man ein kleines lieblich angebautes Fleck, das Gärtchen der Einsiedeley [...]. Ehe man aber da hinuntersteigt, wird man durch einen Wasser-Fall der von Felsen herabstürzt, aufmerksam gemacht, und erblikt neben ihm eine Höhle, in der die Figur eines Einsiedlers an einer Begräbnis-Urne liegt. [...] Die Einsiedeley selbst dem Gärtchen gegen über, ist von aussen mit Baumrinden bekleidet, hat auf dem Dache ein ganz roh gearbeitetes Gerüst mit dem Kreuze und einem Glöckchen, und liegt auf einer kleinen Fläche die rundum mit Felsenklippen umzäunt ist. [...]

Die namensgebende «Ermitage»: mittig die Rindenhütte des Eremiten und links die Grotte mit dem Gedächtnisstein für Salomon Gessner, 2012.

5 Wenn man eine ziemlich steile Treppe hinaufgestiegen ist kommt man an ein Kabinet, dessen Aeusseres ganz vollkommen wie ein Holzstoss aussieht: so dass die Täuschung erst mit Eröfnung der ganz unmerckbaren Thür aufhört. Es liegt auf einer Felsenspitze [...] und man geniesst von da aus die lachende Aussicht über ein Thal [...]. Diess Tableau wird von sieben Bergen, die mit allen Arten innländischer Bäume besetzt sind, eingefasst.

6 [...] Wege führen nun zur Dianen-Grotte, und von da geht ein in den Felsen gehauener Gang zu einer Rotunde, die mit verschiedenen Arten Bäumen angepflanzt ist.

7 Von hier aus hat man die Aussicht über Arlesheim und das schöne Amphitheater seiner fruchtbaren Hügel. [...]

8 Geht man von da noch ein Weilchen fort so kommt man an den Fuss des Schlosses. Hier macht eine [...] Terrasse eine überaus angenehme Promenade, weil sie zugleich eine sehr weite Aussicht hat. Ebenso hat man von einem Tempel, der von aussen wie ein verfallner Thurm aussieht, eine reizende Aussicht [...] in das vorgedachte Thal.

9 Geht man gegen Morgen von dem Berge herab, so geben auf einmal zwey grosse Felsen-Massen [...] einen wirklich hoechst interessanten Anblick. Drauf steigt man durch einen ganz in Stein gehauenen Gang weiter zu einer andern Felsen-Partie von zwey Höhlen welche wegen ihrer Aehnlichkeit mit der berühmten Höhle des Orakels zu Delphos, die Grotten des Apollo heissen. [...]

Der nach historischen Befunden wiederhergestellte *Temple rustique* mit Strohdach und Eibenrundhölzern, 2009.

10 Ist man über die Brücke gegangen so erblickt [man] eine Inschrift in den Felsen gehauen, die Herrn Professor Oberlin zu Strassburg zum Verfasser hat.

11 Steigt man weiter eine sanfte und von Bäumen beschattete Treppe hinab so kommt man vor ein schwarzes Gitter das den Eingang einer Höhle verschliesst, die vielleicht die einzige in ihrer Art ist. Ein grosses majestätisches Gewölbe mit Epheu belegt führt durch ein Peristyle zum Tempel der Proserpine, den verschiedene Ungeheuer bewohnen, und in dessen Mitte ein anticker Altar steht, der auf eigene Art durch verschiedene Lampen erleuchtet wird, und der ganzen Scene ein höchst sonderbares magisches Ansehen giebt. [...]

12 In einiger Entfernung davon sind auf einem halben mond-förmigen Platze verschiedene Spiele zum Zeitvertreib angelegt; die von hohen Bäumen Schatten empfangen.

13 Von da kommt man in sehr ebenen und bequemen Gängen, die sich am Rande eines Bachs den Wald hindurch bis zu zwey Dörferchen fortwinden. [...] Von da führt eine Allee von Bäumen, deren dicht verschlungene Aeste für Sonnenstrahl und Regen schützen, zu einer Gondel, in welcher man über den Teich setzt.

Beym Aussteigen am andern Ufer zeigen sich zwey verschiedene Wege; beyde aber führen den Wandrer zur Mühle und zum Haupteingange des Gartens zurück. Dies sind ohngefähr die Hauptgegenstände und interessantesten Plätze, welche man jetzt schon in Zeit von ohngefähr zwey Stunden in diesem Englisch-Chinesischen Garten durchwandern kann.»

Brigitte Frei-Heitz

Der Weg führt am Wiesental vorbei zu den Waldhäusern, 2011.

Rosenfeldpark

**Münchensteinerstrasse 4,
4052 Basel**

Zugänglichkeit: Täglich durchgehend geöffnet

Anreise: Tram 15 Richtung Bruderholz bis Denkmal

Bauherr: Wilhelm Burckhardt-Sarasin, (1827–1908), Handelsmann

Gartenarchitekt: M. Péron, Paris

Planungs- und Bauzeit: 1856/57

Ergänzungen und Umbauten:
1889/90 Verlust des westlichen Parzellenteils und Abbruch des Ökonomiegebäudes durch Bau der Peter Merian-Strasse, 1951 Erwerb durch die Stadt Basel und Umwandlung in einen öffentlichen Park, 1953 Abbruch der Villa, 1970 Reduktion des Parks im östlichen Bereich durch Korrektion der Münchensteinerstrasse, 1978/79 Sanierung des Parks, 1987 Einrichtung eines Spielplatzes im Westen, 2004 Erneuerung des Rosskastanienrondells, 2005 Entwicklungs- und Pflegekonzept

Eigentümer: Seit 1951 Stadt Basel

Sehenswertes in der Umgebung:
Sommercasino: (seit 1962 Jugendhaus) mit Garten (heute Christoph-Merian-Park), Münchensteinerstrasse 1–3, angelegt und erbaut 1822–1824, davor St. Jakobs-Denkmal zum Gedächtnis an die Schlacht bei St. Jakob 1444 von Bildhauer Ferdinand Schlöth, 1862–1872

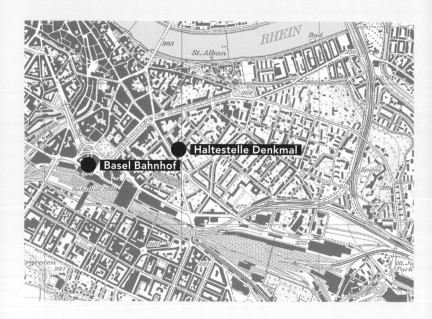

Im Schatten der mächtigen Bäume, 2012.

Das Terrain des heutigen Rosenfeldparks gehörte ursprünglich zum Landgut «vor dem Eschemer Thor», das sich von der Münchensteinerstrasse bis zum ehemaligen Nauengässlein erstreckte und 1831 in den Besitz der Familie Sarasin überging. In der Folge wurden die Gebäude umgebaut, ein neuer, von Gärtnermeister Jean-François Caillat konzipierter Garten angelegt und das Landgut nach einer prächtigen, zum Wohnhaus führenden Allee in «Lindenhof» umbenannt. Infolge Erbteilung übernahm Wilhelm Burckhardt-Sarasin, Inhaber einer Eisengrosshandlung mit Eisengruben und Giessereien, einen Teil der Lindenhof-Parzelle und liess sich 1856/57 auf der östlichen Hälfte seines Grundstücks eine Villa namens Rosenfeld errichten. Am westlichen Ende des Anwesens mit rechtwinklig abgehender Ausfahrt zur Nauenstrasse kam die dreiflügelige Anlage eines Ökonomie- und Stallgebäudes zu stehen. Die Pläne für das Herrschaftshaus, für die Stallungen mit Kutscherwohnung sowie für sämtliche Nebengebäude wie Treibhaus, Pflanzenhaus und Gartenkabinett lieferte der Pariser Architekt M. Péron. Das Gartenkabinett in orientalischem Stil – ein oktogonaler, reich verzierter Holzbau mit schiefergedecktem Kuppeldach – wurde leicht erhöht an der südlichen Parzellengrenze aufgestellt.

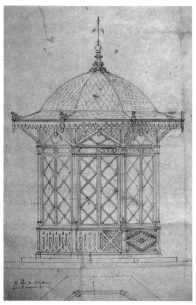

Ausschnitt aus dem Katasterplan
von Ludwig H. Löffel mit der Rosen-
feld-Parzelle in ihrer ursprünglichen
Ausdehnung, 1857–1859.

M. Péron, Entwurf für das Gartenkabinett (Kiosque), 1858.

Im Jahr 1886 sah sich Wilhelm Burckhardt-Sarasin, der durch Krieg und
Wirtschaftskrise der 1870er-Jahre sein Vermögen verloren hatte, gezwungen,
seinen Besitz an der Münchensteinerstrasse zu verkaufen. Dem Bau der Peter Merian-Strasse 1889/90 fiel der Westteil des Anwesens samt Ökonomiegebäude zum Opfer. Als Ersatz wurde das noch heute bestehende Gärtnerhaus (Peter Merian-Strasse 41) errichtet. Der übrige Teil des Parks und die
Villa blieben hingegen bis zum Lebensende der letzten Besitzerin Louise La
Roche im Jahr 1950 vom Wandel der Zeit unberührt. 1951 erwarb der Staat
von der L. & Th. La Roche Stiftung die Liegenschaft und garantierte die Er-
haltung des Parks angesichts des für Basel einzigartigen Gesamtbilds und
Baumbestands, zu dem alte Blutbuchen, Blauzedern, Kastanien, Zypressen,
Schwarzföhren, ein dornloser Christusdorn und kanadische Pappeln gehör-
ten. Noch im selben Jahr wurde der Garten öffentlich zugänglich gemacht.

Der Park verlor 1953 durch den Abbruch des Herrschaftshauses einen
Teil seiner romantischen Wirkung. Durch den Ausbau der umliegenden
Strassen und die Errichtung mehrerer Wohnblöcke in unmittelbarer Umge-
bung erfuhr die Atmosphäre der Anlage zusätzliche Beeinträchtigungen.
Die Errichtung eines Kinderspielplatzes und Kinderbassins sowie die kon-
tinuierliche Erneuerung der Gehölze veränderten das Gartenbild.

Historische Aufnahme der Villa Rosenfeld, 1951.

Dennoch ist der Rosenfeldpark eine der wenigen erhaltenen, im 19. Jahrhundert entstandenen, ehemaligen privaten Gartenanlagen des St.-Alban-Quartiers und gilt heute in seinem urbanen Umfeld als eine wohltuende, stimmungsvolle Grünoase mit beachtlichem Gehölzbestand. Der Park verfügt vor allem im Zentrumsbereich über eine bemerkenswert hohe Anzahl an Bäumen, die aufgrund ihres imposanten Habitus (Blutbuche, Schwarznuss, Stieleiche), ihres Laub- beziehungsweise Nadelkleids (Ginkgo, Atlaszeder) oder ihres exponierten Standorts auffallen. Sanfte Bodenmodellierungen und künstlich erstellte Erhebungen sind weitere erhaltene Gestaltungselemente der ursprünglichen Anlage.

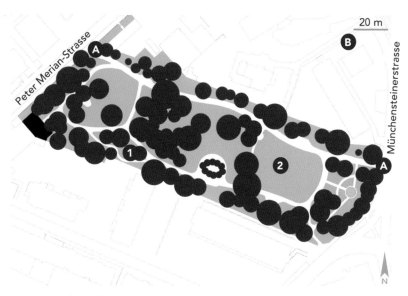

A Zugänge / B Haltestelle Denkmal

Rundgang

1 Zu den naturräumlichen und architektonischen Bildern, die mehrheitlich in den Randbereichen des Landschaftsgartens angesiedelt waren, gehörte auch ein erhöht stehender, orientalischer Gartenpavillon. Erhalten ist die von Felsen befestigte Anhöhe als Standort des einstigen «Kiosque», heute Sitzplatz. Auch das Kastanienrondell in unmittelbarer Nähe bildete eine Sehenswürdigkeit des Gartens. Die zehn überalterten, absterbenden Rosskastanien mussten 2004 gefällt und durch Jungbäume ersetzt werden. **2** Die offene Rasenfläche im östlichen Gartenteil, der Standort des ehemaligen Herrschaftshauses (abgebrochen 1953), eröffnet den Blick auf eine imposante Gehölzkulisse, zu der auch mehrere Rosskastanien des Erstbestands zählen. An der Stelle des Kinderbassins lag das Zierbecken des Herrschaftshauses. Anne Nagel

Atlaszeder und Rosskastanien von imposantem Wuchs, 2012.

Vischer'scher Garten

Rittergasse 29a,
4051 Basel

Zugänglichkeit: Besichtigung nach
schriftlicher Voranmeldung möglich:
Familie Burckhardt, Rittergasse 29a,
4051 Basel

Anreise: Tram 2 Richtung Eglisee
oder 15 Richtung Messeplatz bis
Kunstmuseum

Verpflegung: Bistro Kunstmuseum,
St. Alban-Graben 16, Tel. 061 271 55 22;
Restaurant Zum Isaak, Münster-
platz 16, Tel. 061 261 47 12; Museums-
bistro Rollerhof, Münsterplatz 20,
Tel. 061 261 74 44

Bauherr: Johann Jakob Vischer-
Stähelin (1750–1825), Handelsmann

Gartenarchitekt: Johann Michael
Zeyher (1770–1843)

Planungs- und Bauzeit:
1807–1812

Ergänzungen und Umbauten:
1832 Teilung des Gartens in zwei
Besitzeinheiten (Rittergasse 19 und
29/31), 1907 Neubau eines Garten-
kabinetts an der Parzellenmauer zu
Nr. 35, 1918 Sanierung der Rheinkapelle, 1970 Neubau eines Pavillons
auf dem Harzgrabenturm, 1998 Renovation der Rheinkapelle, Freilegung
und Restaurierung der Dekorations-
malerei im Innern

Eigentümer:
Privatbesitz

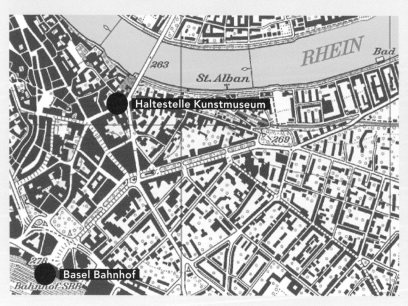

Offene Rasenfläche im oberen Gartenteil, 2012.

Der Vischer'sche Garten liegt an der Böschung des Grossbasler Rheinufers, zwischen Rittergasse, Wettsteinbrücke und Hohenfirstenhof (Rittergasse 19). Die verwunschene Anlage mit altem Baumbestand und Rheinkapelle ist von der Wettsteinbrücke aus gut einsehbar.

Im Jahr 1805 hatte der Handelsmann Johann Jakob Vischer-Stähelin, Besitzer des Hohenfirstenhofs, in der Absicht, den Terrassengarten seines Hauses zu vergrössern, das benachbarte Anwesen des ehemaligen Deutschritterordens erworben. 1807 liess er das Grundstück nach Plänen des grossherzoglich-badischen Gartendirektors Johann Michael Zeyher in einen Landschaftsgarten umgestalten. Unter den historischen, im Staatsarchiv Basel-Stadt aufbewahrten Schriftdokumenten findet sich eine Rechnung, die sowohl alle Bäume, Sträucher und übrigen Pflanzen aufführt als auch verrät, dass ein Hofgärtner Zeyhers namens Schneeberger den Garten mithilfe zweier Gesellen und eines Taglöhners innert 151 Tagen anlegte.

Die frühromantische Anlage mit sanft geschwungenen Wegen, Solitärbäumen und Baumgruppen in scheinbar zufälliger Anordnung, Felsformationen und Grotten aus Tuffstein sowie plätschernden Wasserläufen war zusätzlich mit Staffagearchitekturen – Kapelle, Waldbrudernische, Reblaube, Badehaus, Gartenkabinetten, Volieren und anderem – bestückt. Für die

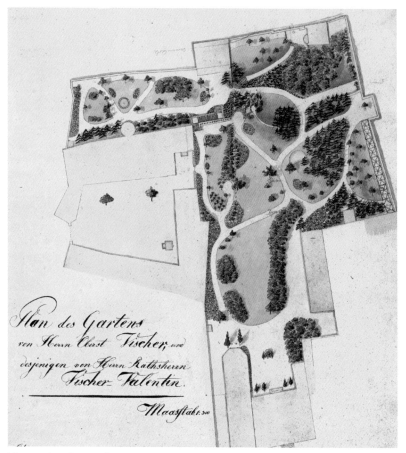

Historischer Gartenplan, 1848.

Anordnung und künstlerische Ausgestaltung zeichnete Maximilian Neu-
stück verantwortlich. Der aus Mainz stammende, seit 1780 in Basel ansässi-
ge Künstler dekorierte einzelne Gartenbauten mit gemaltem Fels, Gebüsch
und Mauerwerk und bereicherte den Gartenraum mit kulissenähnlichen
Malereien, indem er unter anderem an einer Mauer eine architektonische
Ansicht, an einer anderen Wand das Bildnis eines zum Fenster herausschau-
enden Gärtners anbrachte.

Der Vischer'sche Garten zählte im frühen 19. Jahrhundert zu den Sehenswürdigkeiten der Stadt. In den zeitgenössischen Reisebeschreibungen
wird er als «ein liebliches Tempe» gepriesen, auch wegen seiner Lage «über
dem Gestade des in Fluthen sich hinwälzenden Rheins» und seiner «prachtvollen Aussicht in die jenseitigen Gefilde und in die sanften Schönheiten
der lachendreichen Umgebungen».

Mauer aus Tuffstein mit Rundbogentor an der Grenze zum Hohenfirstenhof,
2012.

Treppenstufen aus Tuffstein, von
künstlichen Felsformationen gerahmt,
2012.

Mit der Teilung der Parzelle unter den Erben 1832 ging die Einheit des Vischer'schen Gartens verloren. Der Terrassengarten samt reich dekoriertem
Gartensaal fiel dem Hohenfirstenhof (Rittergasse 19) zu, während die bedeutend grössere Gartenpartie der Liegenschaft Rittergasse 29/31 zugewiesen wurde. Trotz Verlusten von Kleinarchitekturen, künstlerischen Ausgestaltungen und einem Grossteil der ursprünglichen Bepflanzung ist der
Vischer'sche Garten in seiner Ausdehnung und Anlage weitgehend intakt.
Im 20. Jahrhundert wurden einzelne Kleinarchitekturen erneuert beziehungsweise umgebaut sowie manche Wegabschnitte befestigt. Es ist nicht
zuletzt der unermüdlichen Pflege durch ihre Besitzer zu verdanken, dass
diese Anlage als ein einzigartiges Zeugnis frühromantischer Gartenkunst in
der Basler Altstadt erhalten blieb.

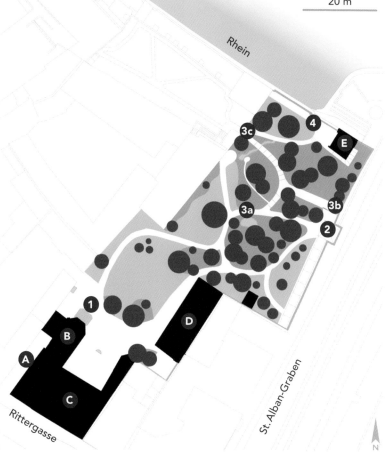

20 m

A Hauptzugang / B ehem. Deutschritterkapelle / C Wohnhaus / D ehem. Remise /
E Rheinkapelle

Rundgang

1 Der Zugang zum Vischer'schen Garten führt an der ehemaligen Deutschritterkapelle vorbei. Die Kapelle ist das einzige erhaltene Bauzeugnis der
Basler Deutschritterniederlassung, die das weitreichende Anwesen zwischen Rittergasse und Rhein bis 1805 besass. Der gotische Baukörper von
1417 tritt zur Rittergasse hin mit seiner ehemaligen Eingangsfassade giebel-
ständig in Erscheinung. Sein von hohen Spitzbogenfenstern durchbroche-
ner Chor ragt markant in die Gartenparzelle hinein. Der einstige Sakral-
bau, der seit der Reformation als Fruchtschütte, Magazin und später als
Kontor diente, wurde 1988/89 für die Nutzung eines Architekturbüros mo-
dern ausgebaut. Das südlich anschliessende Wohnhaus entstand 1832/33,

anlässlich der Parzellenteilung. Die gleichzeitig errichtete Remise dient seit 1993/94 als Wohnhaus. Zwei rot blühende Kastanien in der Achse des Wohnhauses, ein Geweihbaum und ein Ginkgo von beachtlicher Grösse bestimmen den oberen Gartenteil.

2 Die südliche Grenze des Gartenareals ist durch die ehemalige Innere Stadtmauer aus dem 13. Jahrhundert bestimmt, die entlang des Harzgrabens, seit 1879 entlang der Wettsteinbrücke verläuft. Die Ecke der hochmittelalterlichen Wehrmauer war als markanter risalitartiger Vorsprung ausgebildet. Dieser Harzgrabenturm, der in der Frühzeit des Vischer'schen Gartens als Aussichtsterrasse, seit der zweiten Hälfte des 19. Jahrhunderts als Unterbau eines Pavillons diente, wurde im Zuge der Brückenverbreiterung 1936 gekappt und zurückgesetzt mit einer auskragenden Brüstung neu errichtet. Grund dafür war ein geheimer Militärbau mit Barrikadenmagazin zum Schutz der Wettsteinbrücke. Der dabei wiederverwendete Glaspavillon mit gedrehten Eisensäulen wurde 1970 vom Sturm zerstört und durch einen einfachen Neubau ersetzt. Erhalten blieb einzig die Bekrönung in Gestalt eines Kormorans. In den wärmeren Jahreszeiten, wenn die Glyzinien am Pavillon und die Rosen an der benachbarten Pergola blühen, tritt die über der Strasse liegende Gartenpartie besonders prägnant in Erscheinung.

3 Ein Netz von sanft geschwungenen Kieswegen, die sich an manchen Stellen zu Plätzen mit Ruhebänken ausweiten, unterteilt den Park in Flächen mit teils lockerer, teils dichter Bepflanzung. Zu den arrangierten Naturelementen von 1807 gehört auch ein natürlich geformter, von Tuffsteinen gerahmter Weiher in einem Eibenhain (a), der mit dem Wasser der beiden Brunnen des oberen Gartens gespeist wird. Wenige Meter unterhalb des Weihers fällt das Wasser über künstlich angelegte Felsstufen, wird dann unterirdisch weitergeleitet, um schliesslich aus einem Wasserspeier an der Rheinmauer hervorzutreten. Aus Tuffstein ausgeführt sind auch eine Grotte (b), die einst die Figur eines Eremiten beherbergte, und eine die Grenze zum Hohenfirstenhof bildende Mauer mit Rundbogentor (c).

4 Zwei Kleinarchitekturen an der Rheinmauer mit bezaubernden Innenräumen bilden die eigentlichen Hauptattraktionen des Vischer'schen Gartens: der lichtdurchflutete Gartensaal auf der Seite des Hohenfirstenhofs mit mythologischem Bildprogramm (nicht zugänglich) und die neugotische Kapelle, die 1808 die Wasserstube eines älteren Brunnen- und Treppenturms ersetzte. Kapellen, Waldbruderklausen und gotische Kabinette gehörten zu den wichtigsten Stimmungsträgern früher Landschaftsgärten und sind auch in Basel und Umgebung mit manchem Beispiel (siehe Seite 8–12) belegt.

Innenraum der neugotischen Kapelle mit Dekorationsmalereien von 1812, 1999.

Von besonderem Reiz ist der 1812 in neugotischem Stil dekorierte Innenraum der Rheinkapelle, den ein blaues Gewölbe überspannt. Die Masswerkfenster waren ursprünglich mit historischen, willkürlich zusammengesetzten Wappenscheiben und Glasmalereifragmenten bestückt. Zur Erstausstattung der Kapelle gehörte auch der spätgotische Votivaltar des Basler Bürgermeisters Peter Rot, der heute im Historischen Museum Basel steht. 1918 wurden Dachreiter und Eingangstür der Kapelle in historisierendem Stil erneuert. Seit 1919 ist das rheinseitige Zwillingsfenster mit der von Augusto Giacometti entworfenen Glasmalerei «Das Licht» geschmückt.

ANNE NAGEL

Blick vom Vischer'schen Garten über den Rhein, 2012.

Schlosspark Wildenstein

**Schloss Wildenstein,
4416 Bubendorf**

Zugänglichkeit: Park täglich öffentlich zugänglich. Schlossanlage auf Anfrage: Amt für Liegenschaftsverkehr, Liestal

Anreise: Bus 70 oder 71 ab Liestal Bahnhof SBB Richtung Reigoldswil bis Bubendorf/Steingasse. 45 Min. ausgeschilderte Wanderung

Verpflegung: «Schlossbeizli», von April bis Oktober jeweils am ersten Monatswochenende geöffnet (www.schlossbeizli-wildenstein.ch)

Bauherrin: Maria Burckhardt-Vischer (1816–1871)

Gartenkünstler: Unbekannt

Planungs- und Bauzeit: Um 1853

Vorgeschichte: 1293 erste Erwähnung der Burgstelle als Gründung der Eptinger, 1693 Bau des Plantabaus und Umwandlung der Burg in einen herrschaftlichen Landsitz

Ergänzungen und Umbauten: 1853 Bau des Gärtnerhauses neben dem Schlosseingang, 1902–1907 Umbau von Schloss und Ökonomiegebäude nach Plänen des Basler Architekten Fritz Stehlin zu ihrem heutigen Aussehen, 1995–2000 Renovation der Schlossgebäude und Anlage des geometrischen Burggartens, 2012 Erneuerung des Burggartens

Sehenswertes in der Umgebung:
Bubendorf: Pfarrhaus (1695), Hauptstrasse 62
Bubendorf: Dinghof (1600), Hauptstrasse 52

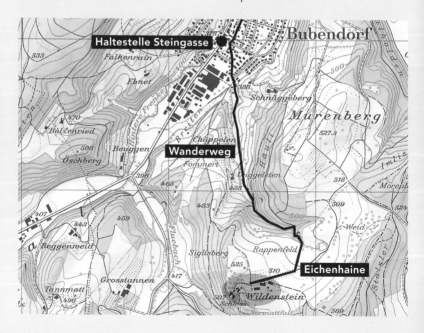

Blick auf die Baugruppen des «Unteren Hofs» im Vordergrund und des Schlosses im Hintergrund, 2012.

Das idyllische Schlossgut Wildenstein befindet sich südöstlich von Bubendorf auf der Tafeljura-Hochebene des Murenbergs in einer Höhenlage von rund 500 m ü. M. Das Gut bewirtschaftet rund 115 Hektar Weiden, Ackerland und Wälder. Berühmt sind die schönen Eichenmischwälder beim Schlossgut. Die uralten Huteeichen auf den Weiden dienten früher vermutlich der Schweinemast – heute tragen sie zum parkartigen Charakter der Kulturlandschaft bei. Zum Schlossgut am Südwestende der Hochebene führt ein von Kirschbäumen begleiteter Fahrweg.

Den Auftakt bilden die Ökonomiebauten des «Oberen Hofs», der seit dem 17. Jahrhundert an diesem Standort nachgewiesen ist. Die heutigen Gebäude stammen mehrheitlich aus dem Jahr 1907. Von hier blickt man auf die tiefer gelegene Schlossanlage mit Wehrturm, Wohn- und Nebengebäuden. Links davor liegt der «Untere Hof», vermutlich auf das 15. Jahrhundert zurückgehend. Die Gebäude stammen aus dem 18. und 19. Jahrhundert. Der «Untere Hof» wird von der Pächterfamilie bewohnt.

Hinter einer Buchenhecke entlang der Zufahrt entwickelt sich auf einem ansteigenden Geländerücken der um 1853 anstelle von Reben angelegte

Der Burggarten vor der geplanten Neugestaltung. Der mittige Brunnen und das Wegkreuz stammen aus der Anlage um 1940.

Ehrwürdige Linden, mit Efeu und Misteln bewachsen, säumen den Rundweg, 2009.

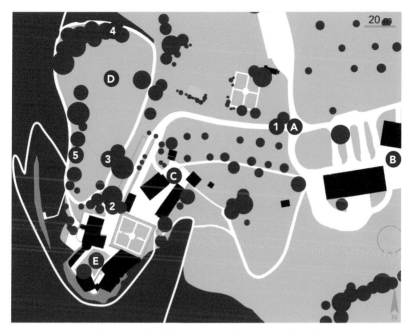

A Hauptzugang / B Oberer Hof / C Unterer Hof / D Park / E Schloss

Landschaftspark. Ein Rundweg umläuft den Wiesenraum, der von Baumgruppen aus der Entstehungszeit des Parks locker gefasst ist. Ein Spazierweg entlang des Schlossfelsens verknüpft Schloss und Park miteinander. Vom Park haben sich einst Sichtfenster auf die Umgebung geöffnet, heute sind sie meist zugewachsen.

Das Schloss ist über eine Rampe erreichbar. Der Weg führt am neu angelegten Burggarten vorbei durch das Eingangstor in den Schlosshof. Hier befand sich einst ein Garten mit acht Gartenbeeten, bepflanzt mit Kräuter-, Heil- und Gewürzpflanzen. Rechts vom Eingang das ehemalige Gärtnerhaus mit Ökonomie. Schloss Wildenstein ist dank der gut erhaltenen historischen Ausstattung (Wand- und Deckengemälde, Glasscheibensammlung) eine der wertvollsten Burganlagen der Nordwestschweiz. Seit 1999 wird die Parkanlage gemäss einem Parkpflegewerk fachkundig unterhalten.

Rundgang

1 Wandert der Besucher am «Oberen Hof» vorbei, tut sich vor ihm die malerische Baugruppe von Schloss und «Unterem Hof» auf. In die arenaartige Mulde sind Schloss, Park und Hofgut harmonisch eingebettet. Der Weg führt zum Eingangstor des Schlossareals, flankiert von zwei Säulenpappeln und begrenzt von der Gartenmauer.

2 Bevor wir in den Schlosspark eintreten, werfen wir noch einen Blick in den Burggarten hinunter, der, von hohen Mauern eingefasst, die Sonnenwärme einfängt. Er wurde in den 1990er-Jahren neu angelegt. Heute fordert der massive Schädlingsbefall der Buchshecken einen radikalen Eingriff. Geplant ist in Anlehnung an die Typologie der Burggärten ein Geviert mit Springbrunnen und gleichmässigen Beeten, bepflanzt mit Kräuter- und Heilpflanzen.

3 Über eine alte Kalksteintreppe erreichen wir den Schlosspark. Ein chaussierter Weg entlang der zentralen Wiesenfläche führt uns nach rechts zum höchsten Punkt.

4 Ehrwürdige Linden stehen am Weg, im Winter Gastgeber von Misteln. Der Weg eröffnet weite Blickfächer in die umgebende Landschaft; eine Rundbank lädt zum Verweilen ein. Im Frühjahr leuchten unzählige Winterlinge, Krokusse und Blausternchen zwischen dem Laub.

5 Im Osten fällt die Wiese gegen den bewaldeten Steilhang ab, der Übergang von gestalteter Natur zum Wald ist fliessend. Ein schmaler Wiesenweg zweigt unmerklich ab und führt am Fuss von Kalkfelsen um den Schlosshügel herum. Im Winter sind die malerischen Hügel der Umgebung gut sichtbar, im Sommer blühen unzählige Farne an den schattigen Felspartien.

6 Der Weg führt auf der Südseite des hoch über uns thronenden Wohnturms zurück auf den Hofplatz des «Unteren Hofs». Das Gartentor lässt sich einfach öffnen, wir bewundern das reifende Spalierobst an den sonnengewärmten Mauern und geniessen nun die Köstlichkeiten, welche das «Schlossbeizli» am Wochenende anbietet. Brigitte Frei-Heitz

Die Hecke trennt den Garten vom Umland mit den mehrhundertjährigen Huteeichen ab, 2012.

Merian Gärten Brüglingen, Englischer Landschaftspark

Merianpark
Unter und Vorder Brüglingen
4142 Münchenstein

www.bogabrueglingen.ch und
www.merianstiftung.ch

Zugänglichkeit: Täglich öffentlich
zugänglich

Anreise: Tram 10 ab Basel Bahnhof
SBB Richtung Dornach bis Grün 80.
Tram 14 ab Basel Aeschenplatz
Richtung Pratteln bis St. Jakob.
S3 ab Basel Bahnhof SBB Richtung
Delémont bis Dreispitz

Verpflegung: Café Merian im Park,
Tel. 061 311 24 54, Restaurant See-
garten (auf Gelände Grün 80),
Tel. 058 575 80 00

Bauherr: Familien Thurneysen
(1789–1811) und Merian (1811–1886)

Gartenkünstler: Unbekannt

Planungs- und Bauzeit: Um 1830

Vorgeschichte: 1711 Bau der Villa
durch Familie Löffel mit Zier- und
Nutzgarten, 1789 Verkauf an Familie
Thurneysen und Erweiterung des
Landbesitzes, 1811 Verkauf an Familie
Merian. Bau von Wirtschaftsgebäude
(1837) und Pächterhaus (1839) in
Vorder Brüglingen sowie der Orange-
rie in Unter Brüglingen (um 1855)

Ergänzungen und Umbauten: 1857
Umbau der «Villa Merian», 1889–1966
Nutzung von Villa und Park durch
Bürgerspital, 1980 Grün 80: weit-
gehende Umgestaltung, ab 1982
Stadtgärtnerei in Unter Brüglingen,
2012 Sitz von Pro Specie Rara, Neubau
Zentrum Grün und Weitergestaltung
des Gartens in Unter Brüglingen

Eigentümer: Seit 1886 Christoph
Merian Stiftung

Blick auf die Villa mit dem vorgelagerten Weiher, 2011.

Der Landschaftsgarten der Villa Merian befindet sich in der alten Kulturlandschaft Brüglingen, geprägt durch die im 19. Jahrhundert trockengeleg-
ten Flussauen der Birs. Im frühen 18. Jahrhundert errichtete Alexander Löffel erhöht auf der Geländeterrasse ein barockes Landschlösschen inmitten
eines Baumgartens. Der Ort des Schlösschens nennt sich Unter Brüglingen,
im Gegensatz zum unweit gelegenen Vorder Brüglingen mit dem Gutsbe-
trieb. Am Steilhang gegen das Bruderholz wurden Reben angepflanzt. Ein
symmetrisch angelegter Zier- und Nutzgarten mit zentralem Rondell und
Springbrunnen befand sich am Ort des heutigen Arzneipflanzengartens östlich der Villa. Das dazugehörige Gut wurde zu einem Musterbetrieb mit
Scheune, Stallung, Trotte und Bündten ausgebaut. Der neue Besitzer Johann
Jacob Thurneysen-Bischoff lässt um 1800 im Erdgeschoss des Herrschaftshauses eine offene Gartenhalle einbauen, die später unter Merian-Burckhardt teilweise geschlossen wird. Vermutlich wurde zusammen mit diesem
Umbau auch der Baumgarten südlich des Hauses zu einem landschaftlichen
Garten umgestaltet. Konkrete historische Hinweise fehlen jedoch. Für die
Zeit von Christoph Merian-Burckhardt ist erstmals die grosse Gartenanlage
auf einem Bestandesplan von 1839 dokumentiert. Inwieweit für den Ausbau
der Parkanlage der von Vater Merian-Hoffmann angelegte Park der Seigneurie

Situationsplan des Christoph Merian'schen Herrschaftsguts Brüglingen, revidiert 1886.

Die vom Bürgerspital genutzte Villa mit Weiher und Springbrunnen um 1900.

Gedenkstein für Susanna Merian
aus rotem Sandstein, 2012.

Bonnefontaine (Elsass) Vorbild war, bleibt offen. Aus den Quellen wissen wir, dass nach dem Verkauf der Seigneurie im Jahr 1836 der verantwortliche Gärtner neu in Brüglingen arbeitete.

Im Park von Brüglingen führen alleengesäumte Fahrstrassen auf die Villa zu. Die weite Geländeterrasse ist mit Baumgruppen bepflanzt. Gewundene Wege führen entlang der mit Teppichbeeten unterbrochenen Wiesenflächen an die einst mit Reben bestockten Hänge, die jetzt offenbar teilweise bewaldet sind. Hier steht unter schattigen Bäumen auch ein Gedenkstein, der an die früh verstorbene Schwester Susanna Merian erinnert. Vor der rückwärtigen Gartenfront der Villa ist ein grosser Weiher in unregelmässiger Form angelegt. Ein mächtiger Springbrunnen mit zwei Wasserbecken belebt die Szenerie. Ein zweiter Weiher befindet sich in der Ebene am südlichsten Punkt des Landschaftsgartens. Schriftliche Quellen belegen, dass damals acht Gärtner für den Unterhalt des Landschaftsgartens verantwortlich waren. Merian-Burckhardt liess neben der Villa ein Häuschen für den Parkwärter, beim Gärtnerhaus eine Fasanerie und hinter der Mühle eine Voliere erbauen. In der neu erbauten Orangerie wurden unzählige Pflanzen überwintert. Das Inventar der Orangerie verzeichnet insgesamt 672 Pflanzen. Die Villa Merian mit Park ist ein geschütztes Kulturdenkmal und steht unter Schutz von Gemeinde und Kanton.

Der Aussichtspunkt am Ende des Promenadenwegs eröffnet den Blick
ins Birstal mit seinen Burgen, 2012.

Die wegbegleitende Buchenreihe ist durch Ersatzpflanzungen
wiederhergestellt worden, 2012.

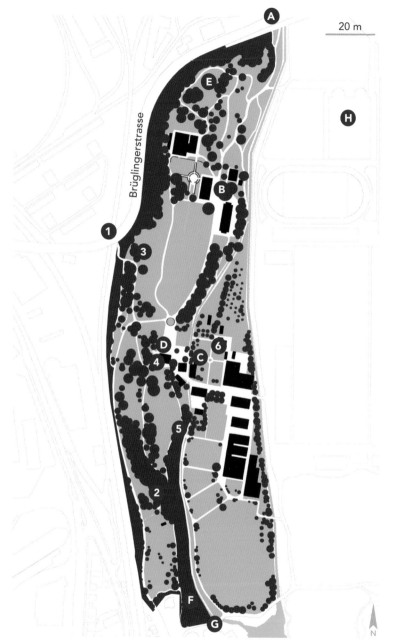

20 m

Brüglingerstrasse

A Eingang St. Jakob / B Vorder Brüglingen / C Unter Brüglingen / D Villa Merian /
E Botanischer Garten / F Rhododendrental / G Grün 80 Restaurant Seegarten /
H Parkplatz

Rundgang

1 Wir versetzen uns in die Mitte des 19. Jahrhunderts, betreten das Areal durch den alten Haupteingang an der Brüglingerstrasse und spazieren entlang der Hangkante nach rechts auf dem Promenadenweg. Einst hatte man hier einen grandiosen Ausblick in das Birs- und das Rheintal. Heute ist der Ausblick zugewachsen, und der Weg führt durch ein Naturschutzgebiet. Neuere Zutaten wie Skulpturen und künstlerische Interventionen aus der Zeit der Grün 80 entdecken wir hier wie in allen Bereichen des Landschaftsgartens. Aber auch Elemente der Merian'schen Gartengestaltung wie auf der linken Wegseite die Reste der einstigen Rosskastanienallee und ein charmanter Aussichtspunkt am Ende des Promenadenweges sind bis heute erhalten geblieben.

2 Wer Zeit hat, kann den von hier abzweigenden schmalen Weg nehmen, der an Flieder- und Buchssträuchern vorbei zum Gedenkstein der Susanna Merian führt.

3 Zurück zum alten Haupteingang, an einem für die Grün 80 neu angelegten Aussichtspunkt vorbeispazierend, gelangen wir hinab zum Vorplatz der Villa Merian. Hier plätschert ein Brunnen mit runder Brunnenschale und Delfinfigur. Die erhöhte Lage der Villa lässt den Blick sowohl auf das tiefer liegende Unter Brüglingen wie gegen Norden auf die Gebäudegruppe von Vorder Brüglingen zu. Über den Kiesplatz, vorbei am heute zugewachsenen Eibenrondell und am pittoresken Wächterhäuschen, gelangen wir auf die Gartenseite der Villa.

4 Der Spiegel des Weihers fängt die mächtige Baumkrone der Blutbuche und die dunklen Zweige der Schwarzföhren ein. Dieses Ensemble gehört zum ältesten Bestand des Parks. Blickt man gegen Süden, so erkennt man als wichtiges Merkmal eines Landschaftsgartens die unterschiedlichen Blattfarben und Wuchsformen der exotischen Bäume. Sie heben sich deutlich vom satten Grün der Wiesenfläche ab. Die Wiesenfläche wird kulissenartig von Gehölzgruppen und Solitären eingerahmt. Von hier führen Wege beidseitig am Rand der Wiese weiter. Rechts gelangt man in den bewaldeten Hang und zum Gedenkstein der Susanna Merian.

5 Der linke Weg führt von der Villa zu einem Tropfsteinbrunnen und dem «Mühledych» entlang bis zum Rhododendrental, wo sich einst die zweite Weihcranlage befunden hat. Die Buchenreihe entlang des Wegs markiert als gartengestalterische Massnahme den Übergang von den waldigen Hängen zum offenen Wiesenland von Brüglingen.

6 Nach Unter Brüglingen hinab gelangen wir von der Villa Merian über eine Treppe auf der Ostseite. Hinter der alten Mühle befindet sich das elegante, klassizistische Gebäude der Orangerie mit dem streng gegen Süden ausgerichteten Garten. Für die Grün 80 als Arzneipflanzengarten angelegt, soll er 2012 teilweise in die alte Gliederung rückgeführt werden und unter anderem auch Platz für Pflanzen der Pro Specie Rara bieten. BRIGITTE FREI-HEITZ

Garten des Bäumlihofs

**Äussere Baselstrasse 391,
4125 Riehen**

Zugang von der Allmendstrasse her
über die Kleinriehen-Promenade
(Lindenallee)

Zugänglichkeit: Besichtigung jeweils
am ersten Samstag nach Pfingsten
möglich; Öffnungszeit gemäss
www.offenergarten.ch

Anreise: Tram 2 Richtung Eglisee
oder 6 Richtung Riehen Dorf/Riehen
Grenze bis Eglisee

Bauherr: Samuel Merian-Kuder
(1770–1824), Handelsmann

Gartenarchitekt: Johann Michael
Zeyher (1770–1843)

Planungs- und Bauzeit: 1802

Ergänzungen und Umbauten:
1808 Errichtung des Bienenhauses,
1865 Umbau des Gartensaals in
neubarockem Stil, 1987 Parkpflegewerk, 1988 Gesamterneuerung der
Kastanienalleen, 1993/94 Renovation
des Gartensaals

Eigentümer: Privatbesitz, Stiftung
Klein-Riehen

Sehenswertes in der Umgebung:
Südwestlich angrenzend: Historisches
Landgut zu den Hirzen mit modernem
Pavillon und zum Teil neu gestalteter
Gartenanlage, 2002/03
Naherholungsgebiet und Tierpark
Lange Erlen, Erlenparkweg 110

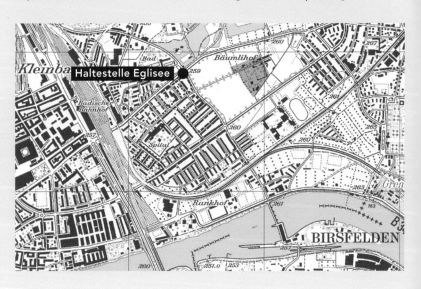

Auf die Mittelachse des Gartensaals ausgerichtete Kastanienallee, 2012.

Das idyllische Landgut Baumlihof, auch Klein-Riehen genannt, liegt in der weiten Ebene zwischen Basel und Riehen abseits der Strassen, welche die Stadt mit der Landgemeinde verbinden. Das aus einem Rebgut des Klosters Klingental hervorgegangene Anwesen entwickelte sich durch stetige Landkäufe und die schrittweise Erweiterung des 1686 errichteten Herrenhauses zu einem der schönsten grossbürgerlichen Sommersitze Riehens. Handelsherr und Bankier Samuel Burckhardt-Zäslin baute das Gut 1735 in feudalem Stil aus, indem er die Wohn- und Ökonomiegebäude zu einem ausgewogenen, einheitlichen Ensemble zusammenfassen und in axialem Bezug dazu einen Lustgarten erstellen liess. Als Zufahrt von der Stadt her wurde eine Lindenallee (Kleinriehen-Promenade) angelegt, die seitlich in den Hof (Cour d'honneur) zwischen der Häusergruppe und dem Garten mündet. Mit dem frei stehenden Bau eines Garten- und Festsaals in der südwestlichen Ecke des Ehrenhofs 1738 und der gleichartig ausgebildeten Schmalseite der grossen Scheune (heute befindet sich an ihrer Stelle die später errichtete Orangerie) in der nordöstlichen Ecke gelang es dem Bauherrn, zum Garten hin ein symmetrisches Bild zu schaffen.

Samuel Merian-Kuder, Handelsmann und seit 1799 Besitzer des Bäumlihofs, beauftragte 1802 Johann Michael Zeyher, den französischen, in strenger

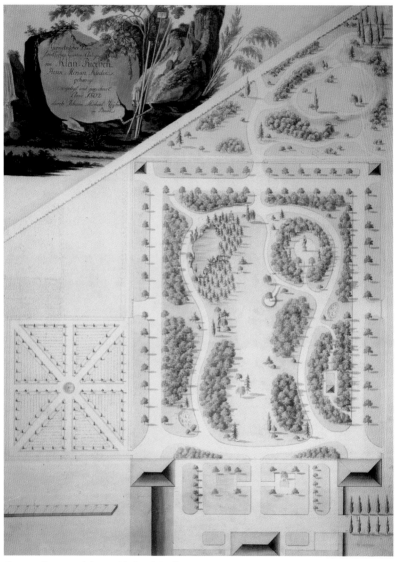

Gartenplan von Johann Michael Zeyher, 1802.

Symmetrie angelegten Garten in einen Landschaftsgarten nach englischem Vorbild umzugestalten.

Die historischen Ansichten des Barockgartens bezeugen, dass Zeyher den regelmässigen Grundriss, die Umfassungsmauern einschliesslich der axialen Gartentore und der symmetrischen Eckpavillons sowie die rahmenden Kastanienalleen als Gestaltungselemente der barocken Anlage beibehielt. Einzig

Historische Ansicht des Gartens mit Blick auf das Herrenhaus, Aquarell von Matthias Bachofen, 1816.

der innere Gartenbereich erfuhr eine Neugestaltung im landschaftlichen Stil und wurde durch dichte Gehölzgruppen von den Umschliessungsalleen abgegrenzt: Ein natürlich geschwungener Umgangsweg mit kleineren Nebenwegen wurde angelegt. Innerhalb dieses Rundwegs breitete sich in der Längsachse eine unregelmässige Rasenfläche aus, die in ihren Randzonen mit dichten geschlossenen und locker hainartigen Gehölzbeständen sowie Solitärbäumen in scheinbar zufälliger Anordnung bepflanzt war. Diese künstlich geschaffenen Naturszenen ergänzte Zeyher durch in sich geschlossene Gartenräume mit Kleinarchitekturen und Plastiken. Durch die natürliche Linienführung der Wege erschlossen sich die Räume dem Gartenbesucher nach und nach wie abwechslungsreiche Bildfolgen.

Bedingt durch den naturgegebenen Verfall des Gehölzbestands hat sich die Gartenanlage im Lauf der Zeit verändert. Die den inneren Rundweg beidseitig begleitenden und abschirmenden Gehölzpflanzungen entwuchsen dem Idealzustand und verschwanden nach und nach. Ebenso verschwanden einzelne Wegabschnitte und Gestaltungselemente, zum Beispiel ein durch Gehölzpflanzungen abgeschirmtes Gartenhäuschen. 1988 wurden die den Garten optisch und räumlich begrenzenden Kastanienalleen gefällt und neu gepflanzt. Weitere, auf dem Zeyher'schen Plan basierende Wiederherstellungsmassnahmen wären wünschenswert, um die ursprünglichen Gestaltungsziele zurückzugewinnen. Denn der Garten des Bäumlihofs ist durch den Verlust vieler Landsitze um Basel ein einzigartiges Denkmal, das in beispielhafter Weise die Umwandlung einer ursprünglich streng symmetrischen in

Die von Buchshecken gerahmte Kiesfläche mit peripher aufgestellten antikisierenden Figuren, 2005.

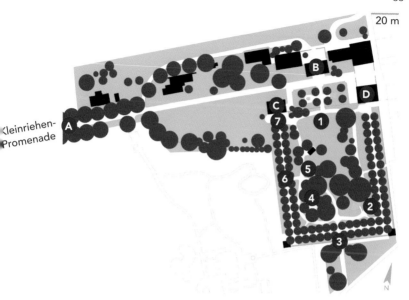

20 m

Kleinriehen-Promenade

A Hauptzugang / B Wohnhaus / C Gartensaal / D Scheune, Garage

eine weitgehend landschaftlich gestaltete Anlage bezeugt. Darüber hinaus ist der 1802 erstellte Landschaftsgarten nachweislich ein Werk Johann Michael Zeyhers, der «in der Botanik und höheren Gartenkunst einen wohlbegründeten europäischen Ruf genoss».

Rundgang

1 Eine offene, in der Längsachse sich ausbreitende Rasenfläche sowie einzeln oder in Gruppen angeordnete Bäume von beachtlichem Wuchs – Eichen, Buchen, eine Scheinzypresse und eine Platane – bestimmen heute die vordere Gartenpartie.

2 Von den stimmungsvollen Veduten der Zeyher'schen Anlage ist im hinteren Teil ein natürlich geformtes, von Tuffsteinen gerahmtes Wasserbecken erhalten. Der von künstlichen Felsformationen und einer Gruppe alter Hainbuchen hinterfangene Weiher ist als spiegelnde Fläche von Bäumen und Wolken ein unentbehrliches Gestaltungsmittel des Landschaftsgartens.

3 Ausblicke durch die axialen Gartentore und Gitter in die umgebende Landschaft wurden bewusst in das Raumerlebnis einbezogen und bewirkten, dass die gärtnerische Anlage dem Besucher grösser erschien. Eine optische Vergrösserung des Gartengevierts erreichte Zeyher auch, indem er das südlich angrenzende Geländedreieck als natürlich erscheinenden Übergang zur freien Natur der Umgebung mit einer auffallend lichteren Bepflanzung versah.

Das mit Borken verkleidete Bienenhaus in Form eines dorischen Tempelchens von 1808, 2012.

Der barocke, 1865 überformte Gartensaal mit Stuckmarmorfassade und verglaster, gusseiserner Veranda, 2012.

4 Um einen ovalen, von Buchshecken gerahmten Platz sind vier antikisierende Sandsteinfiguren aus dem 18. Jahrhundert – Aphrodite Kallipygos, Bacchus, Venus Urania, Apollo von Belvedere – aufgestellt. Dieses Rondell in einem Eibenhain ist ein Überbleibsel des Barockgartens.

5 1808 liess der Gutsbesitzer Samuel Merian-Kuder am Rand der inneren Rasenfläche ein mit Borken verkleidetes Bienenhaus in Form eines dorischen Tempelchens errichten, das sich harmonisch in die Zeyher'sche Anlage einfügte.

6 Die drei das Gartengeviert umschliessenden Kastanienalleen wurden 1802 als Gestaltungselemente des Barockgartens übernommen. Ihr dichtes, Schatten spendendes Blattwerk lädt auch im Sommer zum Promenieren ein. Überalterte, schwer beschädigte und absterbende Bäume sowie zahlreiche Lücken machten 1988 die Neupflanzung der Alleen notwendig. Gestützt auf ein gartendenkmalpflegerisches Gutachten wurde die Totalerneuerung einer Reparatur vorgezogen. Als Ersatzpflanzung wählte man nicht die herkömmliche Rosskastanie, sondern entschied sich für eine gefüllt blühende und weniger fruchtende Art.

7 Das architektonische Juwel des Gartens ist der wohlproportionierte, mit grazilen Stuckaturen geschmückte Gartensaal, der 1738 vermutlich nach Plänen des badischen Ingenieurs Johann Carl Hemeling entstand. Der Bau erhielt 1865 im Rahmen eines Umbaus ein Flachdach mit umlaufender Balustrade und tritt heute zum Garten hin mit einer prächtigen Stuckmarmorfassade und einer feingliedrigen gusseisernen Veranda in Erscheinung.

ANNE NAGEL

Gärten des Wenkenhofs

Hellring 3–9 (Alter Wenken)
Bettingerstr. 121 (Neuer Wenken)
4125 Riehen

Zugänglichkeit: Neuer Wenken:
1. April bis 31. Oktober Mittwoch und
Sonntag 11–18 Uhr, übrige Gärten
täglich durchgehend geöffnet

Anreise: Tram 6 Richtung Riehen
Grenze bis Bettingerstrasse, dann Bus
32 Richtung Chrischonaklinik bis
Wenkenhof

Verpflegung: Bistro Reithalle, Hellring 41, Tel. 061 603 33 22

Architekturgarten Neuer Wenken:
Bauherr: Alexander Clavel-Respinger
(1881–1973), Industrieller
Gartenarchitekt: Walter (1885–1943)
und Oskar Mertens (1887–1976)
Planungs- und Bauzeit: 1917/18
Ergänzungen und Umbauten: 1801–
1803 Verlandschaftlichung des französischen Gartens von 1736, 1917/18
Wiederherstellung einer geometrischen Anlage, seit 1988 Restaurierung.
2008 Umgestaltung des Gemüse-
gartens zum Staudengarten

Eigentümer: seit 1954 Alexander
Clavel-Stiftung

Landschaftsgarten Alter Wenken:
Bauherr: Johann Jakob Merian-De
Bary (1741–1799), Handelsmann
Gartenarchitekt: unbekannt
Planungs- und Bauzeit: um 1789
Ergänzungen: um 1800 Aufstellung
römischer Architekturfragmente
Eigentümer: seit 1932 Stadt Basel

Clavel'scher Landschaftspark:
Bauherr: Alexander Clavel-Respinger
(1881–1973), Industrieller
Architekt: Henry Berthold von Fischer
(1861–1949), Bern
Gartenarchitekt: Adolf Vivell
(1878–1959), Olten
Planungs- und Bauzeit: 1925–1930
Ergänzungen: 1933 Verlegung der
Bettingerstrasse und Bau des Ein-
gangsportals, 1954–1957 Bau der
Aussichtsterrasse im Westen der Bet-
tingerstrasse (Helmut Vivell),
1988/89 Rodungen/Neupflanzungen
Eigentümer: seit 1955 bzw. 1978
Gemeinde Riehen

Haltestelle Wenkenhof

Im sogenannten Französischen Garten des Neuen Wenken. Blick über das Rasenparterre Richtung Süden, 2011.

Am südwestlichen Ortsrand von Riehen, «wo am Hang des St. Chrischona-
berges die Wiesen des Tals und die Waldung der Höhe sich berühren, liegt in
stolzer Ruhe der Wenkenhof». Der Alte Wenken, einst selbständige Siedlung
im Besitz des Klosters St. Gallen, später Fronhof des Klosters St. Blasien/
Schwarzwald, wurde im frühen 17. Jahrhundert Landsitz und später dauern-
der Wohnsitz von wohlhabenden Bürgern aus der Stadt. 1735 ging die mehr-
fach umgebaute und erweiterte Gebäudegruppe an den Handelsmann und
Bankier Johann Heinrich Zäslin (1697–1752) über. Zäslin hatte mit Salzhan-
del und Eisengiessereien ein aussergewöhnliches Vermögen erworben und
baute den Wenkenhof zum prachtvollen Sommersitz nach französischem
Vorbild aus. Nördlich des Alten Wenken liess er sich ein eingeschossiges
Lusthaus, den Neuen Wenken, erbauen, dessen Festräume auf den Französischen Garten ausgerichtet waren. Gerahmt von zwei Lindenalleen breitete
sich das Broderieparterre – ein Gartenteil mit primär aus Blumen bestehenden Teppichbeeten – mit zentralem Springbrunnen aus; den Abschluss bil-
deten zwei Boskette, Gartenteile aus streng beschnittenen, geometrisch und
ornamental angelegten Buchshecken. Der Garten, dessen Entwerfer unbekannt ist, war reichlich geschmückt mit gusseisernen Vasen, antikisierenden

68

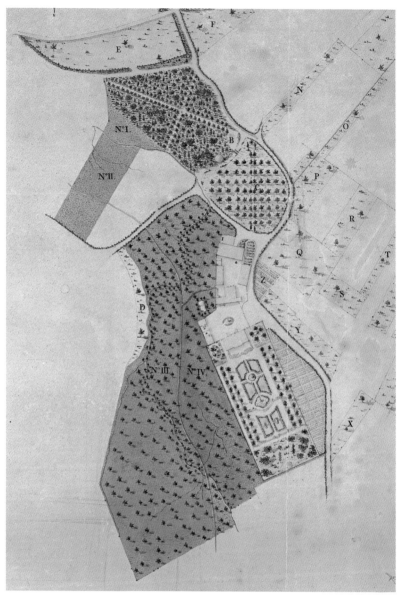

Ausschnitt aus dem Plan des Wenkenhofs von Achilles Huber, 1805, mit der frühromantischen Anlage des Alten Wenken (oben) und dem teilweise landschaftlichen Garten des Neuen Wenken (unten).

Säulenstumpf aus Augusta Raurica
im frühromantischen Garten beim
Alten Wenken, 2012.

Sandsteinfiguren und Obelisken. 1801 übernahm der Bandfabrikant Johann Jakob Bischoff-Merian den gesamten Wenkenhof und beauftragte den Architekten Achilles Huber (1776–1860), den Garten nach neuem englischem Stilideal umzuwandeln. Dabei wurde das Broderieparterre durch Rasenflächen ersetzt und das Boskettfeld zu einer Landschaft mit locker verteilten Baum- und Strauchgruppen sowie geschwungenen Wegen umgestaltet. In den folgenden Jahrzehnten wurden auch in der vorderen Gartenpartie an den seitlichen Rändern malerische Baumgruppen gepflanzt. Die Lindenallee und das Bassin blieben erhalten. 1917 wurde der mittlerweile zweigeschossige, klassizistisch überformte Neue Wenken von Alexander und Fanny Clavel-Respinger erworben und durch den Berner Architekten Henry B. von Fischer barockisiert. Gleichzeitig wurde die Anlage in Anlehnung an seine Entstehungszeit und im Geist des neuen Architekturgartens durch die Gebrüder Oskar und Walter Mertens aus Zürich neu gestaltet.

Auf dem leicht ansteigenden Terrain oberhalb des Alten Wenken hatte Johann Jakob Merian-De Bary in den späten 1780er-Jahren «einen kleinen englischen Garten von etwa 6 Jucharten anlegen lassen», der als der früheste, in der Nachfolge der Arlesheimer Ermitage (1785) stehende Landschaftsgarten in Basel gelten darf. Zu seinen Staffagearchitekturen gehörten «ein Badhaus, weiter oben ein Cabinet von Eichenrinden in Gestalt eines Otaheitischen [= exotischen] Hauses [...] nebst nachgeahmten Ruinen eines Thurmes». Wenige Jahre nach seiner Entstehung wurde der Park zusätzlich mit antiken Architekturfragmenten bestückt, die der französische Architekt Aubert Joseph Parent in der römischen Ruinenstadt Augusta Raurica in Basels Nachbarschaft ergraben hatte. Der die Anlage im Norden begrenzende sogenannte Hirschgraben, eine niedrige, das Gelände umschliessende Mauer und zwei sich rechtwinklig kreuzende Wege charakterisieren als

Im Clavel'schen Landschaftspark. Blick vom *rond-point* über die Brücke
in Richtung Reithalle, 2011.

ursprüngliche Gestaltungselemente noch heute den Garten. Das Borkenhäuschen und die über den Graben führende Brücke ersetzten im 20. Jahrhundert ähnliche Vorgängerbauten. Der frühromantische Landschaftsgarten hat sich zu einem verwilderten Laubwald entwickelt und verdiente
eigentlich mehr Aufmerksamkeit und Pflege.

An der Stelle von Obstkulturen im Osten des Alten und des Neuen Wenken liess der den Pferdesport liebende Industrielle Alexander Clavel-Respinger in den Jahren nach 1925 nach den Plänen Adolf Vivells einen
weitläufigen Landschaftspark mit Reithalle, Reitbahn, Galopp-Pisten und
Concoursplatz anlegen. Nach umfangreichen Terrainmodellierungen wurden im Clavel'schen Landschaftspark an die 10 000 Bäume und Sträucher
gepflanzt. Für seinen Entwurf orientierte sich Vivell nicht an den Miniaturlandschaften des ausgehenden 19. Jahrhunderts, sondern offensichtlich an
den grosszügigen Landschaftsgärten deutscher «Altmeister» wie Friedrich
Ludwig von Skell und Peter Joseph Lenné. Erschlossen wird die Anlage
durch Promenadenwege und eine Querachse, die vom Eingangsportal an
der Bettingerstrasse zwischen dem Alten und dem Neuen Wenken vorbei
bis zur formalen Dreiflügelanlage der Reithalle führt. Zur baulichen Ausstattung des Parks gehören ein *rond-point*, eine Brücke, ein Weiher mit
Schiffländе und ein Pavillon aus Gitterwerk. Die Anlage ist ein Hinweis auf
die Kontinuität des Nebeneinanders formaler und landschaftlicher Gestaltungsprinzipien des 19. Jahrhunderts. Sie fällt in die Epoche des sogenannten «Architekturgartens» des 20. Jahrhunderts, der weit mehr malerische
Landschaften zuliess, als diese Bezeichnung suggeriert.

50 m

A Hauptzugang / B Alter Wenken / C Neuer Wenken / D Reithalle / E Haltestelle Wenkenhof

Rundgang

1 Der sogenannte Französische Garten des Neuen Wenken ist mitnichten ein Garten des 18. Jahrhunderts. Vielmehr handelt es sich um eine komplexe Anlage, die Gestaltungsschichten und Substanz aus dem 18. bis ins 20. Jahrhundert aufweist. Die mittlerweile neu gepflanzten Lindenalleen und die Querachse mit Bassin sind als prägende Gestaltungselemente des französischen Gartens erhalten. Aus der Barockzeit stammen auch die Eisenvasen,

Sandsteinfiguren und -obelisken. Der die Anlage im Norden abschliessende Architekturgarten der Gebrüder Mertens von 1917/18 zeigt in den Randzonen noch den Baumbestand aus dem 19. Jahrhundert. Beachtung verdient auch der 2008 im Westen, im ehemaligen Gemüsegarten, angelegte Schaugarten mit alten und seltenen Pflanzen der Stiftung Pro Specie Rara.

2 Das Fragment einer römischen Tempelsäule aus Augusta Raurica gehört zum ursprünglichen Bestand des frühromantischen Landschaftsgartens beim Alten Wenken. Der auf einem Erdhügel erhöht stehende Säulenstumpf im Wegkreuz markiert das Zentrum der Sichtachsen. Antike Versatzstücke dienten wie die einst zum Garten gehörenden Kleinarchitekturen – eine künstlich errichtete mittelalterliche Turmruine und ein exotisches Borkenkabinett – der Steigerung eines lehrreichen und stimmungsvollen Naturerlebnisses.

3 Die Kreuzung der Querachse mit dem Wenkenmattweg in der Senke wurde 1928 nach Plänen des Architekten Henry B. von Fischer als *rond-point* mit Balustraden gestaltet. Von hier erschliessen sich dem Besucher die Ausblicke über die Tuffsteinbrücke hinweg auf die Reithalle, auf den Dressurplatz mit Pavillon rechts und auf den Weiher links. Der Weiher ist als stimmungsvolles Landschaftsbild mit Schifflände und Trauerweiden vor dunklen Tannen konzipiert.

4 Der an der Längsseite der Reitbahn stehende und dieser gleichsam als Ehrenloge zugeordnete Pavillon ist von besonderem Reiz. Der Pariser Architekt Albert-Armand Rateau entwarf ihn 1930 in Anlehnung an Barockbeispiele in Versailles; «Belebt mit eleganten Damen sollte er», so Clavel, «an die heitere Welt der Pompadour erinnern.» Der differenziert gestaltete Pavillon besteht aus einem eisernen Grundgerüst, in dessen offene Felder Gitterwerke (sogenannte Treillagen) aus Holzlatten eingesetzt sind.

5 Der Landschaftspark diente bis in die 1950er-Jahre auch als Reitanlage. Die beiden Rundwege im unteren Garten waren Galopp-Bahnen, ein wesentlicher Teil der inneren Rasenfläche Concoursplatz. Die mächtigen dichten Gehölzgruppen – abschirmend in den Randzonen, raumbildend in den offenen Wiesenflächen – sind wesentliche Gestaltungsmittel des Clavel'schen Landschaftsparks. Während die Randbepflanzung aus mit Blutbuchen, Rottannen und Schwarzkiefern durchmischten Gruppen besteht, kamen in den offenen Rasenflächen homogene Gruppen von Wald- oder Blutbuchen sowie Schwarzkiefern zu stehen. Dunkle Gehölzkulissen als Hintergrund und vorangestellte Einzelbäume mit hellem Laub oder Blüte erhöhen sich gegenseitig in ihrer Wirkung. Anne Nagel

Im Clavel'schen Landschaftspark. Blick durch die Stämme der Schwarzkiefern auf den Pavillon beim Dressurplatz, 2011.

Im Clavel'schen Landschaftspark. Blick über den unteren Gartenteil und den einstigen Concoursplatz mit Galopp-Piste, 2011.

Sarasinpark

Zwischen Rössligasse und Baselstrasse, 4125 Riehen. Haupteingang:
Rössligasse 51

Zugänglichkeit: Täglich durchgehend
geöffnet

Anreise: Tram 6 Richtung Riehen
Grenze bis Fondation Beyeler

Verpflegung: Zahlreiche Restaurants
und Cafés im Ortskern von Riehen

Bauherr: Hieronymus Bischoff-
Respinger (1795–1870), Bankier und
Handelsmann

Gartenarchitekt: Vermutlich Jean-
François Caillat (1776–1835)

Planungs- und Bauzeit: 1812, 1828,
1836

Ergänzungen und Umbauten:
1974 Öffnung des Parks für die Öffent-
lichkeit, 1977–1979 Fällaktion kranker
und beschädigter Bäume, 1980 Sanierung und Umgestaltung des Weihers,
1983 Gesamterneuerung der Lindenallee, 1986 Renovation der Orangerie,
1997 Parkpflegewerk, 2003 Sanierung
der Umfassungsmauer

Eigentümer: Seit 1968 bzw. 1976
Gemeinde Riehen

Sehenswertes in der Umgebung:
Riehen Landschaftspark Berowergut
(1832/33), nachweislich von Jean-
François Caillat, Baselstrasse 71–77,
bei der Fondation Beyeler

Haltestelle Fondation Beyeler

RIEHEN

Spital

Riehen Bahnhof

Orangerie von 1836, 2011.

Der Sarasinpark – der Name geht auf die letzten Gutsbesitzer zurück – ist neben dem Wenkenpark die grösste öffentlich zugängliche Gartenanlage auf dem Gemeindegebiet von Riehen. Er liegt nördlich des historischen Dorfkerns, zwischen Baselstrasse (der alten Landstrasse ins Wiesental), Rössligasse und Inzlingerstrasse, verborgen hinter einer hohen Stützmauer und dichten Gehölzpflanzungen.

Der Sarasinpark in seiner heutigen Ausdehnung von 3,4 Hektar ist durch die Zusammenlegung dreier vormals getrennter Besitztümer entstanden. Die auf barocke Zeit zurückgehenden grossbürgerlichen Landsitze Le Grand (1692), Elbs-Birr (1694) und Werthemann-Stähelin (um 1794) waren anfänglich von Französischen Gärten umgeben. Die beiden grösseren Anwesen an der Rössligasse, das Elbs-Birr'sche und das Le Grand'sche Landgut, wurden 1812 vereinigt. Zumindest das Elbs-Birr'sche Landgut wies bereits vor der Zusammenlegung einen Landschaftsgarten auf. Die Verschmelzung der beiden Gärten zu einer einheitlichen Anlage nach englischem Vorbild dürfte erst nach 1828, unter Hieronymus Bischoff-Respinger, erfolgt sein, wobei bestehende Gestaltungselemente übernommen wurden. Als Kleinarchitekturen des Gartens liess Bischoff-Respinger 1835/36 die Orangerie, 1857 einen Aussichtspavillon über gewölbtem Keller sowie

Unsignierter Gartenplan aus der Zeit um 1860.

ein als Kuppelbau ausgebildetes Palmenhaus aus Glas erbauen. Die beiden Letzteren wurden abgebrochen.

Offene Rasenflächen, geschwungene Mergelwege, eine Lindenallee, fünf künstlich aufgeschüttete Erhebungen und ein Weiher am Fuss der Orangerie sind als prägende Gestaltungselemente des ursprünglichen Landschaftsgartens erhalten. Mit Ausnahme der Platanen beim Elbs-Birr'schen Landgut sind die Gehölze ausnahmslos Ersatz- und Ergänzungspflanzungen, stellen somit die zweite bis vierte Generation dar. Der Anteil an exotischen Bäumen – darunter Sumpfzypresse, Judasbaum und säulenförmiger Tulpenbaum – liegt bei 15 Prozent. Seit der öffentlichen Nutzung des Gartens sind Verluste an der originalen Substanz (zum Beispiel Aussichtspavillons am westlichen Gartenrand) feststellbar, und die Tendenz zu einer vereinfachenden Gestaltung ist spürbar. Der Mehrzweckplatz im südlichen, einst reich gegliederten Gartenteil bildet einen massiven Eingriff in die Anlage. Auch die Neubauten in unmittelbarer Umgebung wirken sich störend auf die Parkatmosphäre aus.

Das 1997 erstellte Entwicklungs- und Pflegekonzept ist heute eine wichtige Grundlage für den gärtnerischen Unterhalt und garantiert den Fortbestand des Sarasinparks als bedeutender Freizeit- und Erholungsraum unter Berücksichtigung der gartendenkmalpflegerischen Gesichtspunkte.

Weiher, von Tuffsteinen und künstlichen Felsformationen gerahmt, 2011.

20 m

A Hauptzugang / B Zugang / C Le Grand'sches Landgut / D Elbs-Birr'sches Landgut / E Werthemann-Stähelin'sches Landgut / F Haltestelle Fondation Beyeler

Rundgang

1 Die Lindenallee, die vom Elbs-Birr'schen Landgut zur Baselstrasse führt, wurde vermutlich 1812 auf einer bestehenden Achse des Barockgartens angelegt. 1982 machte der schlechte Zustand der überalterten Bäume deren Fällung notwendig. Als Ersatz wurden wiederum Sommer- und Winterlinden, allerdings in einem erweiterten Abstand gepflanzt, wodurch sich die Anzahl Baumpaare von 22 auf 16 reduzierte.

2 Die leicht erhöht stehende Orangerie, ein architektonisches Kleinod erster Güte, wurde 1836 vermutlich nach Plänen des bedeutenden Architekten Melchior Berri ausgeführt. Das mit einer unterirdischen Warmluftheizung ausgestattete Gebäude diente im Winter zur Aufbewahrung von mediterranen und tropischen Kübelpflanzen, im Sommer als Gartensaal. Eine durch Säulen gegliederte Fensterfront gegen Süden, ein flaches Walmdach mit Türmchen und ein auf den Weiher orientierter, von schlanken Holzsäulen getragener Portikus prägen den eleganten klassizistischen Bau.

3 Die historischen Gartenpläne lassen vermuten, dass der Weiher ursprünglich als Waldsee konzipiert und ausschliesslich von Nadelgehölz umgeben war. Eine mächtige Baumkulisse an seiner nördlichen Seite bildet noch heute den dunklen Hintergrund. Im Bereich des Weihers sind die dem Landschaftsgarten zugrunde liegenden Gestaltungsprinzipien der idealisierten Miniaturlandschaft durch diverse Elemente – Hügel, Tempelchen, Wasserfläche, Brücklein, Grotte – noch am ehesten ablesbar.

4 Innerhalb des dichten Gehölzgürtels sind weite Rasenflächen, frei stehende Solitärbäume und Gehölzgruppen wichtige raumprägende Elemente des Gartens. Sanfte Bodenmodellierungen und künstlich erstellte Erhebungen stellen weitere wesentliche Gestaltungselemente dar. Die drei einst mit Pavillons bestückten Anhöhen an der Baselstrasse dienten als Belvedere mit Ausblicken über die Flussebene der Wiese bis hin zum Tüllingerhügel. ANNE NAGEL

Schlosspark Ebenrain

Schloss Ebenrain, Itingerstrasse 13, 4450 Sissach

Zugänglichkeit: Täglich öffentlich zugänglich

Anreise: 10 Minuten zu Fuss ab Sissach Bahnhof SBB

Verpflegung: Zahlreiche Restaurants im Ortskern von Sissach

Bauherr: Martin Bachofen-Heitz (1727–1814), Fabrikant

Architekt: Samuel Werenfels (1720–1800)

Gartenkünstler: Niklaus Sprüngli (1725–1802), Edouard André (1840–1911)

Planungs- und Bauzeit: 1774–1776

Ergänzungen und Umbauten: Nach 1800 erste, teilweise umgesetzte Pläne für eine Umgestaltung zum Landschaftsgarten, 1872 Umgestaltung und Erweiterung des Schlossparks nach Plänen von Edouard André, 1986–1989 Totalsanierung der Schlossgebäude, seit 1999 laufende Pflege und Instandsetzung des Schlossparks

Eigentümer: Seit 1951 im Besitz des Kantons Basel-Landschaft

Sehenswertes in der Umgebung: Sissach: Ehemaliges Warenhaus Cheesmeyer (1901), Hauptstrasse 55

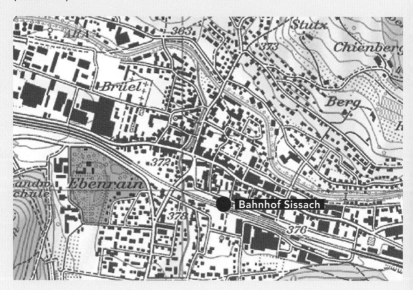

Das Hauptgebäude des Schlosses, gerahmt von mächtigen Blutbuchen, 2010.

Auf einer Anhöhe westlich von Sissach liess sich der Basler Seiden- und Tuchfabrikant Martin Bachofen nach Plänen des Basler Architekten Samuel Werenfels einen spätbarocken Landsitz für die Sommermonate erbauen. Der an den Plänen von Niklaus Sprüngli orientierte Garten bestand aus einer Terrassenanlage nördlich des Schlosses, östlich und westlich angeordneten Lustwäldchen sowie einem grossen Rasenparterre und einer Lindenallee im Süden.

Bereits ein Vierteljahrhundert später zieht der neue Zeitgeschmack des Landschaftsgartens in Ebenrain ein. Die häufigen Besitzerwechsel gehen dabei oftmals mit teilweisen Umgestaltungen im Garten einher. So wird die Terrassenanlage 1821 zugunsten eines *pleasure ground* mit Blumenrondell, Springbrunnen und Rundweg aufgelöst. Die barocke Baumallee im Süden bleibt jedoch erhalten.

1872 lässt der neue Besitzer, der Kaufmann Albert Hübner, das Schloss im Stil des Second Empire umbauen. Mit der Umgestaltung der Parkanlage wird der Pariser Stadtarchitekt Edouard André beauftragt. In Andrés Lehrbuch von 1879 ist dieser Entwurf dokumentiert. Die spätbarocke Lindenallee wird gegen Süden weitergeführt, ergänzt durch zwei seitlich abzweigende Arme, welche die weiten Wiesenflächen einfassen. Geschwungene

Schloss Ebenrain, Sissch...

Die Herrschaften vergnügen sich im neu angelegten Ostgarten: in der Bild-
mitte die Enteninsel, links im Hintergrund die aus Rundholz gefügte Brücke.
Historische Postkarte um 1910.

Wege führen beidseitig des Hauptgebäudes zum mittigen Haupteingang an
der Itingerstrasse. Dank einem Landerwerb kann die Parkanlage gegen Osten mit einem Weiher inmitten einer schwingend modellierten Rasenfläche
und stimmungsvollen Baumgruppen ergänzt werden. Attraktionen sind
hier eine Enteninsel, eine Holzbrücke und ein Chinesen-Pavillon vor einem
Wasserfall. Im Lauf der zweiten Hälfte des 20. Jahrhunderts fällt der Nord-
teil dieser Partie dem Strassenbau zum Opfer. Chinesen-Pavillon und Wasserfall werden entfernt, die Pflege wird stark reduziert und die Weiheranla-
ge verwildert.

Seit 1999 wird die Anlage auf Grundlage eines Parkpflegewerks unterhalten und instand gesetzt. 2002 musste die spätbarocke Lindenallee aus
statischen Gründen gekappt werden, hat aber seitdem wieder ansehnliche
Kronen ausgebildet. Die Gehölzpflanzungen von André im gesamten Park
prägen noch bis heute das Bild. Die vielfältige Verwendung unterschied-
lichster Laub- und Nadelgehölze, das gekonnte Spiel mit wechselnder Blatt-
farbe, Blühaspekten und Pflanzenhabitus spiegeln das grosse botanische
Interesse und den Kunstsinn des Pariser Gärtners.

Westlich und südlich der Gesamtanlage befinden sich der landwirt-
schaftliche Betrieb und die Schulungsanlage Ebenrain. Schloss Ebenrain ist
heute ein geschütztes Kulturdenkmal und steht unter dem Schutz von Gemeinde, Kanton und Bund.

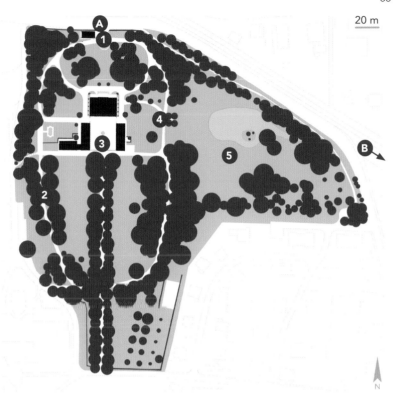

20 m

A Hauptzugang / B SBB

Rundgang

1 Verlässt man den Ortskern von Sissach in westlicher Richtung, gelangt man auf einem Fussweg entlang des Ostgartens zum Haupteingang, bewacht von einem eingeschossigen Pförtnerhaus. Ein Springbrunnen, von Blumenrabatten eingefasst, begrüsst den Besucher. Der Weg teilt sich nach Ost und West. Das ansteigende Gelände führt den Blick von der mächtigen Blutbuche zur Gartenseite des Hauptgebäudes mit seinem ebenerdigen Gartensaal.

2 Der Weg rechts führt am Eiskeller vorbei, durch alte Buchsbäume im Schatten gehalten, auf die weite, helle Wiesenfläche südlich des Schlosses. Weiter oben, unter den hohen, paarig gepflanzten Alleebäumen, treffen wir auf die ehrwürdige alte Lindenallee, welche die Achse vom Schloss in das offene Umland markiert.

3 Zurück zum Schloss, durch das schmiedeeiserne Tor mit den Initialen Albert Hübners in den rückwärtigen Ehrenhof eintretend, spazieren wir rechts am Hauptgebäude vorbei, lassen den Blick über die Kübelpflanzen im Hof und über die buntlaubigen Baumgruppen schweifen.

Die aus der Barockzeit stammende Lindenallee führt direkt in den rückwärtigen Schlosshof, 2012.

Der Ostgarten heute, nach der Wiederherstellung der Enteninsel, 2004.

4 Wir ruhen uns auf der Sitzbank unter den vier Linden aus. Diese sind als Ersatz von vier abgegangenen Linden erst kürzlich an derselben Stelle wieder gepflanzt worden.

5 Vor uns liegt der Ostgarten, die Enten ziehen durch den klaren Spiegel des Wassers, in der Ferne leuchtet im Herbst gelb die Ginkgo-Baumgruppe. Eine malerische «Vedute» tut sich vor uns auf, die Nähe zur Landschaftsmalerei jener Zeit wird offenkundig. Will man den wiederhergestellten Ostgarten aus der Nähe beschauen, so führt ein Rasenweg vom Wäldchen in das Wiesengrün. Der alte Wegverlauf lässt sich unter der Grasnarbe gut erahnen. Brigitte Frei-Heitz

Literatur

Die folgenden Hinweise nennen weiterführende Literatur zu den besprochenen Gärten, sofern solche vorhanden ist. Vorangestellt sind allgemeine Literaturhinweise zur besprochenen Gartenepoche in der Schweiz.

Landschaftsgärten in der Schweiz:

Archiv für Schweizer Gartenarchitektur und Landschaftsplanung (Hg.): Vom Landschaftsgarten zur Gartenlandschaft, Zürich 1996.
Burbulla, Julia, et al. (Hg.): Stadtlandschaften. Schweizer Gartenkunst im Zeitalter der Industrialisierung, Zürich 2006.
Heyer, Hans-Rudolf: Historische Gärten der Schweiz, Bern 1980.
Sigel, Brigitt, et al. (Hg.): Nutzen und Zierde. Fünfzig historische Gärten in der Schweiz, Zürich 2006.

Vischer'scher Garten, Basel:

Nagel, Anne, et al.: Die Kunstdenkmäler des Kantons Basel-Stadt, Band VII. Die Altstadt von Grossbasel I, Profanbauten, Basel 2006, 167f., 180f., 183f.

Garten des Bäumlihofs, Riehen:

Boerlin, Paul H.: Basler Gärten – Bäumlihof. In: Jahresberichte 1965–1971 der Freiwilligen Basler Denkmalpflege, Basel 1972, 2–32.
Hofmann, Silvia: Historische Gärten in Riehen: Der Bäumlihof. In: z'Rieche 1991. Ein heimatliches Jahrbuch, Riehen 1991, 4–19.
Koelner, Paul: Bäumlihof – Klein-Riehen. Ein Basler Landgut und seine Besitzer, Basel 1953.
Nagel, Anne: «Natur und Kunst liebreich untereinander vermischet». Der Garten des Bäumlihofs in Riehen. In: Nutzen und Zierde. Fünfzig historische Gärten in der Schweiz, Zürich 2006, 96–101.

Schwenecke, Walter: Konzept für die Wiederinstandsetzung der Gartenanlage beim Bäumlihof in Klein-Riehen unter besonderer Berücksichtigung der überalterten Kastanien-Alleen. Unveröffentlichtes Typoskript im Auftrag der Basler Denkmalpflege, 1987.

Sarasinpark, Riehen:

Hofmann, Silvia: Historische Gärten in Riehen. In: z'Rieche 1987. Ein heimatliches Jahrbuch, Riehen 1987, 28–35.
Lehmann, Fritz, und Frey, Lucas: Die Sarasinschen Güter in Riehen. In: Basler Zeitschrift für Geschichte und Altertumskunde, Band 66, Basel 1966, 157–226.
Kaspar, Albin: Häuser in Riehen und ihre Bewohner, Heft II, Riehen 2000, 90–99.
Schönholzer + Stauffer Landschaftsarchitekten: Sarasinpark Riehen, Entwicklungs- und Pflegekonzept. Unveröffentlichtes Typoskript im Auftrag der Einwohnergemeinde Riehen, 1997.

Gärten des Wenkenhofs, Riehen:

Clavel-Respinger, Alexander und Fanny: Das Buch vom Wenkenhof, Basel 1957.
Hofmann, Silvia: Die Geschichte des Wenkenhofs. In: z'Rieche 1984. Ein heimatliches Jahrbuch, Riehen 1984, 5–30.
Metron Landschaft AG, verfasst von Brigitte Nyffenegger, Sibylle Krüger, Steffen Roth: Wenkenpark, Pflege- und Entwicklungskonzept. Unveröffentlichtes Typoskript im Auftrag der Einwohnergemeinde Riehen, 2003.
Murbach, Ernst: Der Wenkenhof in Riehen BS. Schweizerischer Kunstführer GSK, Bern 1989.
Voss, Jürgen: Neuer Wenken in Riehen, Parkpflegewerk. Unveröffent-

lichtes Typoskript im Auftrag der
Alexander Clavel Stiftung, 2000.

Landschaftsgarten Ermitage, Arlesheim:

Bertuch, Friedrich Justin, und Kraus,
Georg Melchior: Der neue Englische
Garten bey Arlesheim, ohnweit Basel.
In: Journal der Moden, Jg. 1, Nr. 9,
September 1786, 303–311. Darin ent-
halten ist der zitierte Spaziergang.

Heyer, Hans-Rudolf: Die Kunstdenkmäler des Kantons Basel-Landschaft,
Band I, Bezirk Arlesheim, Basel 1969,
167–183.

Hug, Vanja: Die Eremitage in Arlesheim – ein Englisch-Chinoiser Landschaftsgarten der Spätaufklärung.
Grüne Reihe Quellen und Forschun-
gen zur Gartenkunst, Band 27,
Worms 2008.

SKK Landschaftsarchitekten AG: Ermitage Arlesheim, Parkpflegewerk.
Unveröffentlichtes Typoskript im Auftrag der Stiftung Ermitage Arlesheim
und Schloss Birseck, 2007.

Merian Gärten Brüglingen, Münchenstein:

Heyer, Hans-Rudolf: Die Kunstdenkmäler des Kantons Basel-Landschaft,
Band I, Bezirk Arlesheim, Basel 1969,
314–320.

SKK Landschaftsarchitekten AG: Me-
rian Park und Botanischer Garten in
Brüglingen, Gartendenkmalpflegeri-
sches Gutachten. Unveröffentlichtes
Typoskript im Auftrag der Christoph
Merian Stiftung Basel, 2006.

Schlosspark Ebenrain, Sissach:

André, Edouard: L'art des jardins. Traité
général de la composition des parcs
et jardins, Paris 1879. Nachdruck:
Marseille. Lafitte Reprints, 1983.

Heyer, Hans-Rudolf: Die Kunstdenkmäler des Kantons Basel-Landschaft,

Band III, Bezirk Sissach, Basel 1986,
332–349.

Schwenecke, Walter: Konzept für park-
pflegerische Massnahmen im Park
des Schlosses Ebenrain in Sissach.
Unveröffentlichtes Typoskript im Auftrag der Kantonalen Denkmalpflege
Basel-Landschaft, 1995.

Rosenfeldpark, Basel:

Schönholzer + Stauffer Landschaftsarchitekten, Riehen: Rosenfeldpark Basel,
Entwicklungs- und Pflegekonzept,
Unveröffentlichtes Typoskript im Auftrag der Stadtgärtnerei Basel, 2005.

Schlosspark Wildenstein, Bubendorf:

Voss, Jürgen und Lutz Windhöfel:
Schloss Wildenstein Bubendorf,
Parkpflegewerk. Unveröffentlichtes
Typoskript im Auftrag der Kanto-
nalen Denkmalpflege Basel-Land-
schaft, 1998.

Abbildungen

Archiv Schönholzer + Stauffer:
    Seite 76 oben
Kantonale Denkmalpflege Basel-
    Landschaft, Liestal: Seite 8 unten,
    9 (Aquatinta-Radierungen Christian
    von Mechel, Wilhelm Friedrich Gme-
    lin), 11 (Radierung Friedrich Christian
    Reinermann), 12 (Lithografie Andreas
    Merian, Johann Rudolf Follenwei-
    der), 13, 16 oben, unten (aquarel-
    lierte Pläne Heinrich Siegfried), 17
    (Stahlstich A. Völlmy, Liestal), 23, 24
    (Radierung von J. B. Stuntz und J. J.
    Hartmann), 26, 28, 29, 46 unten, 51,
    52, 53, 82, 84 unten
Finck, Heinz Dieter, Issoudun: Seite 62
Frei-Heitz, Brigitte, Liestal: Seite 4
Grundbuch- und Vermessungsamt
    Basel-Stadt, www.geo.bs.ch/
    mapserver: Seite 32 links

Impressum

Herausgeber: ICOMOS Schweiz
(Arbeitsgruppe Gartendenkmalpflege),
Johannes Stoffler
Redaktion: Johannes Stoffler
Texte: Brigitte Frei-Heitz, Anne Nagel
Fotos: Börje Müller, Klaus Spechten-
hauser
Pläne: Lorenz Eugster Landschafts-
architektur und Städtebau GmbH

Lektorat: Regula Bühler, hier + jetzt
Gestaltung und Satz: Christine Hirzel,
hier + jetzt
Bildverarbeitung: Willy Rogl,
Mettmenstetten

Dieses Werk ist auf www.libreka.de
auch als E-Book erhältlich:
ISBN E-Book 978-3-03919-850-4

©2012 hier + jetzt, Verlag für Kultur
und Geschichte GmbH, Baden
www.hierundjetzt.ch
ISBN Druckausgabe
978-3-03919-240-3

Wir bedanken uns bei folgenden
Firmen und Institutionen für die
finanzielle Unterstützung:

Bank Sarasin & Cie AG
Baselbieter Heimatschutz
Bund Schweizer Landschaftsarchitekten und Landschafts-
architektinnen BSLA
Fachgruppe Gartendenkmal-
pflege BSLA